Legal design

Ana Carolina Maia
Erik Fontenele Nybø
Mayara Cunha

Legal design

Criando documentos que fazem sentido para os usuários

2021

expressa
conteúdo Saraiva Jur

saraiva jur

Av. Paulista, 901, Edifício CYK, 3º andar
Bela Vista – SP – CEP 01310-100

SAC | sac.sets@saraivaeducacao.com.br

Diretoria executiva Flávia Alves Bravin
Diretoria editorial Ana Paula Santos Matos

Célula digital Fernando Penteado
Beatriz Gimenez
Dalila Costa de Oliveira

Gerência editorial Isabella Sánchez de Souza
Edição Daniel Pavani Naveira

Produção editorial Daniele Debora de Souza (coord.)
Luciana Cordeiro Shirakawa

Arte e digital Mônica Landi (coord.)
Camilla Felix Cianelli Chaves
Claudirene de Moura Santos Silva
Deborah Mattos
Guilherme H. M. Salvador
Tiago Dela Rosa

Projetos e serviços editoriais Daniela Maria Chaves Carvalho
Kelli Priscila Pinto
Marília Cordeiro
Nicoly Wasconcelos Razuk

Projeto gráfico Mônica Landi
Diagramação Lais Soriano
Revisão Luciana Cordeiro Shirakawa
Capa Deborah Mattos
Tiago Dela Rosa

Impressão e acabamento

DADOS INTERNACIONAIS DE CATALOGAÇÃO NA PUBLICAÇÃO (CIP)
ELABORADO POR VAGNER RODOLFO DA SILVA - CRB-8/9410

M217l Maia, Ana Carolina
Legal Design: criando documentos que fazem sentido para os usuários / Ana Carolina Maia, Erik Fontenele Nybø, Mayara Cunha. - São Paulo : SaraivaJur, 2021.
112 p.

ISBN: 978-65-5559-762-2

1. Direito. 2. Legal design. 3. Visual law. 4. Design thinking. I. Nybø, Erik Fontenele. II. Cunha, Mayara. III. Título.

CDD 340
2021-2678 CDU 34

Índices para catálogo sistemático:

1. Direito 340
2. Direito 34

Data de fechamento da edição: 9-8-2021

Dúvidas? Acesse www.editorasaraiva.com.br/direito

CL 607183 CAE 775142

Agradecimentos

Agradeço aos meus pais, Marcello e Gerlândia, e irmãos, Eduardo e Aline, pelo inestimável apoio e incentivo à minha jornada profissional. Meus agradecimentos também a Erik Nybø, pelos valiosos ensinamentos e pela confiança em mim depositada, e a Mayara Cunha. Juntos, formamos a equipe responsável pelos projetos de *legal design*.

Ana Carolina Maia

Agradeço à minha esposa, Mariana Moreno de Gusmão Cunha, que, além de ter sido o motivo principal de eu seguir nas minhas iniciativas empreendedoras, graças ao seu apoio, passou a empreender junto comigo. Sem ela, nada disso seria possível. Agradeço também à minha mãe, Lavinia Moema de Souza Fontenele, que está sempre incentivando os meus esforços e auxiliando nessa jornada. Agradeço também às coautoras deste livro, responsáveis por elaborar todos os projetos de *legal design* que desenvolvemos na Bits Academy.

Erik Fontenele Nybø

Ao meu marido, Gustavo Cabral de Moura, pelo incentivo e companheirismo nos estudos, trabalhos e nos cuidados com nosso filho. Ao Francisco, meu bebê, por renovar minhas energias com seu sorriso. Aos meus pais, Maurício e Ivana Cunha, meus maiores admiradores e a quem devo tudo. Aos meus irmãos, Marcela e Maurício Cunha Filho, por sempre torcerem por mim. Aos meus avós, Tereza, Wilson e Ivanise Cunha, pelo aconchego nas palavras, orações e no olhar. Aos meus parceiros no *legal design* e coautores deste livro, Ana Carolina Maia e Erik Nybø, que, além de tudo, é um mentor para mim. Obrigada.

Mayara Cunha

Sobre os autores

Ana Carolina Maia

Legal Designer e professora de *legal design* na Bits Academy. Graduada em Arquitetura e Urbanismo pela Universidade Federal da Paraíba, pós-graduanda em Gestão em Economia Criativa pelo Centro Universitário Belas Artes de São Paulo.

Erik Fontenele Nybø

CEO da Bits Academy. Membro da Legal Design Alliance – Leda. Advogado graduado pela Fundação Getulio Vargas (FGV Direito SP). Coordenador e professor no Insper (SP) e professor na Saint Paul. Cofundador da AB2L (Associação Brasileira de LawTechs e LegalTechs). Ex-gerente jurídico global da Easy Taxi e ex-head de inovação de escritório de advocacia. Pesquisador em projetos do governo brasileiro e do governo britânico. Colunista de portais de conteúdo e autor de livros.

Mayara Cunha

Coordenadora do Núcleo de Legal Design na Cabral Associados. *Legal Designer*, *UX Designer*, *Branding*, Professora de *legal design* na Bits Academy. Graduada em Direito pelo Centro Universitário de João Pessoa e em Publicidade pelo Centro Universitário UNIESP. Pós-graduada em Comunicação e *Marketing* em Mídias Digitais e em Design Gráfico pela Estácio.

Sumário

Introdução

No século XIX, os países escandinavos tiveram uma onda de rápida urbanização e industrialização que os lançou na modernidade.

Essa rápida mudança cultural e social causou uma espécie de crise de identidade nesses países que, até então, eram muito rurais. Dessa crise, surgiu um movimento de reforma de estilo de vida que tentou estabelecer uma nova cultura cotidiana baseada nos valores nórdicos de democracia e abertura.

Dentro desse movimento, uma influente professora, filósofa e feminista, Ellen Key, cunhou e introduziu o termo "Beleza do dia a dia" ("vardagsskönhet"), que viria a ser um dos pilares dessa reforma. De acordo com suas ideias, a beleza cotidiana acabaria por transformar toda a comunidade:

> Só então, quando não sobrar nada de feio para comprar, quando as coisas bonitas ficarem tão baratas quanto as feias agora, a beleza para todos pode se tornar realidade.

Inspirado pelas ideias de Key, o historiador da arte Gregor Paulsson sustentou o uso do *design* como uma ferramenta para mudar a sociedade e publicou um influente panfleto sobre essas ideias, chamado "Mais belos bens do dia a dia". Em geral, a ideia desse movimento era expor o público a itens comuns do dia a dia que fossem bonitos e bem projetados – e, em última análise, conseguir transformar toda a sociedade a partir dessa lógica de *design*.

Fabuloso, mas o que tudo isso tem a ver com o primeiro livro de *legal design* publicado na América Latina?

Anteriormente aos conceitos de "coisas bonitas" e "melhores para a vida cotidiana" mencionado acima, o escopo do *design* se estendia apenas a um grupo muito restrito de produtos ou serviços. Nunca se pensou que os produtos do dia a dia pudessem ser bem projetados.

O movimento do *legal design* argumenta que o Direito também pode ser objeto de *design*. Os advogados podem aprender com *designers*, programadores e economistas. Ao estudar como diferentes profissões abordam o resultado dos seus trabalhos e as interações com o usuário, os advogados podem trazer o Direito para a era digital.

Em uma democracia, a legitimidade do sistema jurídico se pauta na abertura e na inclusão. O *legal design* se baseia na ideia de que produtos e processos funcionais e bem projetados devem ser acessíveis e disponibilizados a todos. Podemos e devemos exigir soluções esteticamente mais agradáveis, fáceis de usar e atrativas para nossos problemas jurídicos diários. Este livro tem como objetivo mostrar como isso pode ser aplicado na realidade.

Antti Innanen,

fundador da Dot., uma das principais consultorias de legal design *da Europa*

1. COMO SURGIU O *LEGAL DESIGN*?

Em pesquisas, é possível encontrar textos e registros de 1999[1], por exemplo, quando técnicas de *information design* começaram a surgir para facilitar a compreensão de informações complexas. Então, diversas pessoas passaram a utilizar elementos de *design*, como gráficos, imagens, cores, ícones e outros recursos, que podem, de alguma forma, ser precursores de uma prática, hoje, denominada *legal design*.

Acontece que, assim como ocorreu com o *information design*, a área de *legal design* foi sendo construída aos poucos por diversas iniciativas individuais, que focavam em determinados aspectos de melhoria nos documentos jurídicos ou de melhoria na maneira de transmitir as informações contidas nesses documentos.

Por essa razão, não existe uma data exata de sua criação ou um marco específico que resultou na sua criação. Diversas pessoas ao redor do mundo começaram a notar a necessidade de comunicar o conteúdo jurídico de uma forma diferente e mais adequada ao público, bem como mudar a experiência do usuário dos serviços jurídicos.

O termo, entretanto, foi difundido após a fundação do *The Legal Design Lab*, da Universidade de Stanford, por volta de 2013, pela diretora Margaret Hagan.

---

1 Robert Jacobson publicou seu livro sobre *information design*, em 1999, explicando a utilização de elementos de *design* para explicar informações e como diversos autores passaram a fazer isso de forma esparsa.

2. O QUE É O *LEGAL DESIGN*?

Embora cada praticante da metodologia tenha uma visão diferente sobre os elementos que compõem a matéria, é possível encontrar um ponto de convergência entre todos eles: a aplicação de elementos de *design* e a experiência do usuário em documentos ou produtos jurídicos.

Todas as iniciativas de *legal design* que aparecem no mercado focam no uso de elementos visuais e técnicas de *design*. Essa mudança no *layout* do documento tem um motivo específico – ainda que possa ser puramente estético, em alguns casos, como veremos a seguir. Ela visa ao aumento da experiência do usuário, quando comparado aos antigos documentos, os famosos "paredões de texto".

Assim, temos que a definição do termo *legal design* passa a ser: a aplicação de princípios e elementos de *design* e a experiência do usuário na concepção e na elaboração de documentos ou produtos jurídicos.

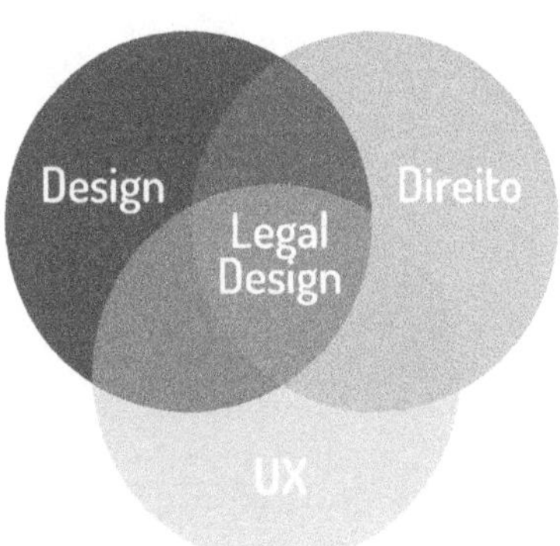

Fonte: elaboração própria

Por se tratar da aplicação de princípios e de elementos do *design*, é comum a associação do *design* com a arte. Essa associação, inclusive, acaba por gerar vários questionamentos sobre o propósito do *legal design*. Muitos questionam a prática, afirmando que se trataria apenas de utilizar recursos gráficos para elaborar um documento esteticamente agradável. Porém, se analisarmos o que realmente significa o *design*, veremos que vai muito além disso.

3. *LEGAL DESIGN* OU *VISUAL LAW*?

A palavra *design* caracteriza-se pelo processo de criação de um produto ou de um objeto, com o intuito de resolver alguma questão específica, ou seja, além da estética há uma utilidade. Por isso, não se pode reduzir a palavra e a atividade de *design* à simples estética ou ao uso de elementos visuais.

Apesar disso, dentro dessa prática, existem profissionais que adotam a nomenclatura *visual law* para se referirem à prática de criação de documentos jurídicos esteticamente agradáveis. Aqueles que defendem o termo *visual law* defendem que ele se refere apenas ao uso de recursos gráficos (por isso, visuais) nos documentos jurídicos.

Um exemplo bastante claro da importância do uso dos princípios de *design* na criação de documentos jurídicos pode ser visto no documentário *Terms and Conditions May Apply*[1]. Em determinado trecho, um dos entrevistados menciona a possibilidade de escrever de uma determinada maneira para que seja mais difícil para o usuário entender o que está escrito em um termo de uso em sites, ou até para dissuadir a sua leitura – não à toa, a maioria das pessoas não lê esse tipo de documento antes de clicar em um botão de aceite para uso de um site ou aplicativo.

Isso demonstra como o *design* contribui bastante com o meio jurídico e pode ajudar ou dificultar os usuários a entenderem informações mais complexas. Assim, quando se fala em *legal design*, trata-se das técnicas de concepção de produtos ou serviços jurídicos tanto em relação

1 HOBACK, Cullen (Producer), & RAMOS, J. (Director). (2013). *Terms and Conditions May Apply* (Motion Picture). United States: Hyrax Films.

à sua forma como às suas funcionalidades. Por essa razão, aplicar técnicas de *legal design* para conceber documentos jurídicos não se resume a criar ou inserir elementos estéticos – isso seria reduzir o conceito de *design* a apenas um de seus pilares, a forma.

Ou seja, não adianta criar um documento apenas visualmente atrativo. Esses recursos visuais também precisam ser úteis. Apesar dessa ressalva, é importante pontuar que o *legal design* utiliza recursos gráficos e não seria possível dissociá-los da sua aplicação. No entanto, eles precisam ter uma funcionalidade clara – a de facilitar o entendimento dos documentos.

Nesse sentido, na área de *design*, existe um caso emblemático que trata justamente do questionamento sobre a utilidade em relação à sua forma e que serve de analogia para a discussão sobre o uso dos termos *legal design* ou *visual law*.

Em 1986, Philippe Starck criou um espremedor de limão chamado Juicy Salif para a empresa italiana Alessi. A ideia veio de um momento em que ele comia lulas e solicitou um limão ao garçom. Em seguida, desenhou um protótipo que lembra o corpo de uma lula e que, depois, se tornaria o espremedor de limões.

O ponto é que o produto se tornou uma obra de arte por conta de sua forma e um objeto desejado para decoração das casas. Isto é, o objeto não é utilizado para a finalidade que foi criado, mas para decorar, por conta da sua beleza estética.

Em certo momento, Philippe criou versões banhadas a ouro – que, claramente, não seriam utilizadas para espremer limões. Segundo alegações, o criador teria dito "são para iniciar conversas, não para espremer limões". Por conta dessas características, o Juicy Salif tem acumulado grande polêmica desde 1990, quando começou a ser vendido. A própria comunidade de *design* critica o objeto até hoje, alegando a sua falta de funcionalidade e utilidade – sendo considerado por muitos apenas uma obra artística.

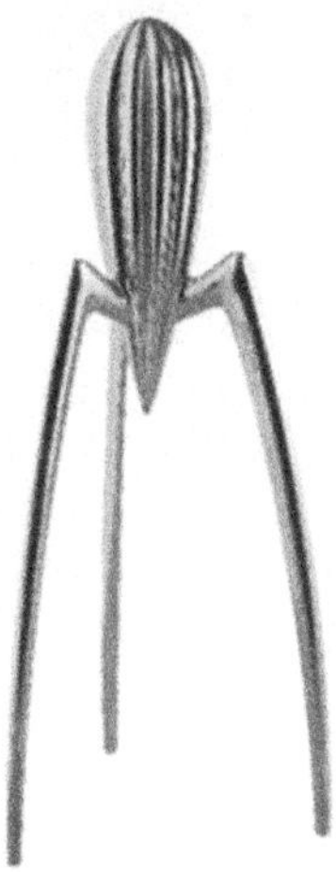

Foto do Juicy Salif, de Philippe Stark

Essa história serve para combater o questionamento que alguns fazem em relação ao *legal design* e explicar sobre o que realmente se trata a matéria, ao mesmo tempo em que também serve para refutar o uso do termo *visual law*.

Assim como o Juicy Salif é considerado obra de arte, por não ser funcional o suficiente para desempenhar a atividade para a qual foi criado, um documento apenas esteticamente bonito não é um documento criado usando as técnicas de *legal design*. Trata-se apenas de um documento esteticamente bonito. Por isso, utilizar recursos gráficos em um documento não significa que uma pessoa está aplicando técnicas de *legal design*.

Além disso, a utilização apenas de recursos visuais não significa que os documentos jurídicos serão bem feitos – é necessário pensar na experiência do usuário e todos os outros fundamentos do *legal design* para criar um documento minimamente funcional. Não existe sentido em usar recursos visuais apenas para deixar um documento mais bonito (apenas por estética) – isso não é funcional e não gera valor. Por essa razão, a tentativa de dissociação do termo *visual law* do conceito de *legal design* não faz sentido.

Para que sejam usadas técnicas de *legal design*, é necessário que o criador do documento utilize os recursos gráficos e, assim, atinja a funcionalidade pretendida para o documento. Isso é feito durante a fase de análise da experiência do usuário, uma das fases do processo de criação.

Dentro da prática do *legal design* não se coloca nenhum elemento visual que não tenha uma finalidade ou funcionalidade clara e objetiva aos usuários do documento.

Por essa razão, este livro não é favorável ao uso do termo *visual law*, porque muitos dos defensores do uso dele tentam dissociar do termo *legal design* aqueles documentos que são apenas esteticamente bonitos.

Ora, se são apenas esteticamente bonitos, são documentos como os que já eram elaborados nas atividades de papelaria das tradicionais agências de *marketing*, ou até mesmo dentro da área de *information design* (que explicaremos a seguir). Ou seja, não existe nada jurídico nessa atividade que justifique a criação de uma área específica para elaboração desse tipo de documento.

A única diferença seria que o objeto de aplicação dos recursos estéticos é um documento jurídico. No entanto, a mesma técnica poderia ser utilizada em qualquer outro documento se a finalidade é apenas ser agradável aos olhos.

No entanto, se os usuários do termo *visual law* vierem a defender, alegando que ele serve para facilitar o entendimento desses documentos jurídicos por meio de recursos visuais, essa prática já está compreendida no termo *legal design* – justamente porque, além da forma estética, existe uma função atrelada a ela: a de facilitar a leitura e a compreensão. Por isso, de uma forma ou de outra, entendemos que o termo não deve ser utilizado por não fazer sentido como conceito.

Além disso, é importante ressaltar que o termo *visual law* não nos parece correto sequer gramaticalmente. As regras gramaticais consideram barbarismo o uso de formas vocabulares contrárias às normas morfológicas da língua – é o que nos parece o uso desse termo.

A morfologia é a área da linguagem que estuda estrutura, formação e classificação das palavras. E, em tradução literal, a expressão *visual law* seria algo como "direito visual". Assim, o significado da expressão em si fica prejudicado. Uma alternativa correta ao termo seria a linguagem visual aplicada ao Direito ou algo do gênero. Ou, ainda, como alguns autores estrangeiros adotam, *legal visualization* (JI, 2019, p. 26). A linguagem visual é caracterizada pelo uso de elementos gráficos (imagens, dentre outros elementos) para comunicar algo.

Inclusive o *legal design* utiliza a linguagem visual para expressar e comunicar as informações contidas nos documentos jurídicos. No entanto não existe uma construção lógica em adjetivar o Direito com a palavra "visual" pela falta de sentido que isso gera na construção do termo, em regras gramaticais. Dito isso, para os autores deste livro, o termo ou a noção de um "direito visual" não faz sentido e, por isso, não será utilizado – assim, optamos pelo uso do termo *legal design*.

Como mencionado, o termo *design* significa a concepção de um produto no que se refere à sua estética e funcionalidade. Assim, o *design* vai além da estética, sendo a funcionalidade do produto o aspecto principal da sua concepção. Ou seja, a forma deve seguir a função. O *design* deve resolver uma necessidade (ZHU, 2005, p. 4) com uma solução agradável que leve em consideração a interação do usuário para estar correto. De nada adianta uma bela composição, se ela é inútil (NORMAN, 2013, p. 5).

O mesmo ocorre no mundo jurídico. Se não existe um conceito com um objetivo por trás, o documento se torna um Juicy Salif. Portanto, quando falamos em *legal design*, o termo significa a concepção de um produto jurídico em sua forma física, visual e funcional.

Em uma simples busca no *Google Trends*, é possível notar que a própria comunidade utiliza mais o termo *legal design* do que o *visual law*:

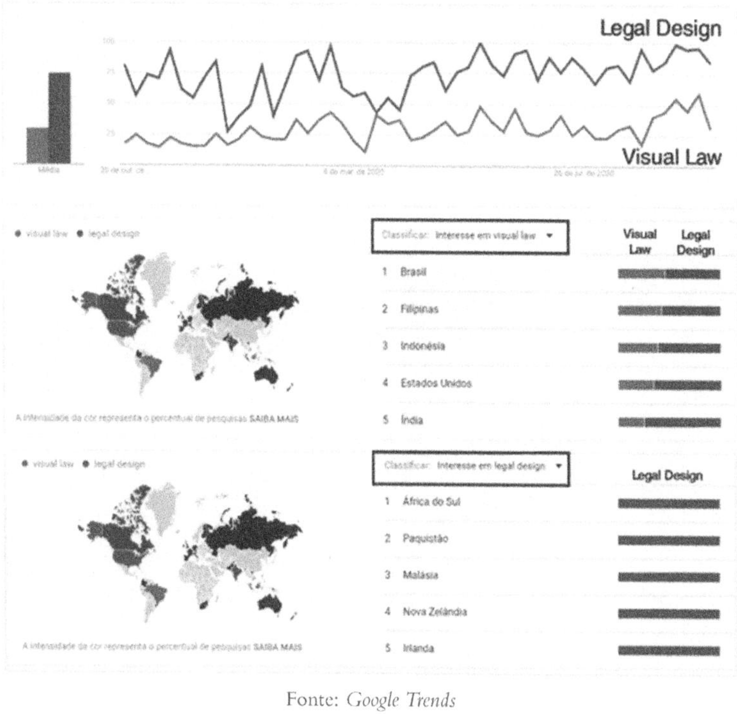

Fonte: *Google Trends*

4. INFORMATION DESIGN

As áreas do *design* contemplam diversos segmentos, sendo um deles o *information design*, gênero do qual o *legal design* faz parte.

Information design se refere à maneira de organizar dados para serem transmitidos de forma eficiente e eficaz às pessoas (HORN, 1999, p. 15). É um processo que potencializa a captação de uma mensagem, utilizando princípios de interface gráfica e produção de conteúdo. Dessa forma, ao utilizar os recursos de *information design*, é possível fazer com que uma mensagem seja passada de forma mais clara e otimizada, facilitando a compreensão e aumentando o engajamento do leitor.

Nesse sentido, o *design* de informação é uma ferramenta importantíssima para qualquer pessoa que queira se comunicar de maneira mais precisa com seu público, passando uma mensagem de qualidade e eficiente, sem que ninguém recorra a outra fonte para compreendê-la.

Por isso, a importância do *legal design*. Quantas vezes um contratante de serviços jurídicos precisa pedir ao advogado para explicar o que ele quis dizer em um determinado contrato? Ou, ainda, quantas vezes o advogado não é convidado a explicar, em uma apresentação, o que ele está propondo em termos legais? É muito comum que, logo após enviar um documento jurídico ao cliente, um advogado receba uma ligação dele perguntando: "o que significa a cláusula X"?

Ao longo da história, surgiram até mesmo qualificações de pessoas, que, por compreender o vernáculo jurídico (ainda que sem a formação de Direito), conseguiam navegar no sistema jurídico e exercer certas atividades jurídicas. Eram os rábulas. Hoje, o termo é utilizado de forma pejorativa para se referir aos advogados que se comunicam de forma eloquente, mas sem conteúdo profundo. Apesar de serem cômicos, esses exemplos revelam o quanto o Direito pode aprender com o *design*.

Isso revela o quanto foi criado um abismo na linguagem utilizada pela classe jurídica e como isso prejudica o entendimento dos usuários de serviços jurídicos. Chega a ser um problema tão grande na atualidade que as pessoas criaram até mesmo um termo específico para criticar o uso da linguagem jurídica rebuscada e de difícil compreensão: o "juridiquês".

Aí entra a área de *design* da informação: para desenvolver documentos compreensíveis, que sejam entendidos de forma rápida e assertiva para posterior tradução em uma ação concreta (HORN, 1999, p. 15). O *design* de um documento compreende todo o processo de planejamento, seleção de conteúdo, organização, redação, formatação, revisão e teste do documento para ter certeza de que ele atende aos objetivos dos autores que o desenvolveram e aos propósitos dos usuários que recorrem a esse documento para algum auxílio (REDISH, 1999, p. 10).

A área do *design* de informação ainda pode ser desdobrada em outras subáreas, dentre as quais encontra-se o *legal design*. Afinal, os documentos jurídicos buscam passar uma determinada mensagem, porém focam em mensagens legais. As mensagens legais, por sua vez, têm finalidades diversas – podem ser prescritivas, descritivas, analíticas, diagnósticas, dentre outras. Por isso, é importante tratar cada tipo de mensagem legal de uma forma diferente dentro do documento que se pretende criar.

Como toda a área de *design*, o foco deve ser sempre o usuário e, por essa razão, a matéria de experiência do usuário, ou *User Experience* (UX), é imprescindível. Afinal, como mencionado, se compararmos a antiga maneira de produzir documentos jurídicos com os métodos propostos pelo *legal design*, fica clara a intenção que o *legal designer* tem de melhorar, de alguma forma, a experiência dos usuários daqueles documentos. Ter objetivos centrados no usuário, ou seja, colocá-lo em primeiro lugar, em vez da estética ou da qualidade de sua aparência, é essencial.

Portanto, o *design* da informação requer colaboração de várias competências. É importante ter redatores, para traduzir a linguagem técnica em instruções claras e simples; *designers* visuais, para diagramar e escolherem ícones, cores e recursos visuais; especialistas em dados, para escolher os gráficos mais adequados para cada situação; especialistas em experiência do usuário, para fazer pesquisas e testes de usabilidade; e, até mesmo, psicólogos ou linguistas, para analisar questões de persuasão nos elementos utilizados na concepção de um documento.

5. A CONFUSÃO ENTRE *LEGAL DESIGN* E *DESIGN THINKING*

A importação de práticas e termos estrangeiros de diversas áreas também tem gerado confusão entre o uso dos termos *legal design* e *design thinking*. Por essa razão, é importante descrever o que se trata o *design thinking*, inclusive porque é um processo que pode ser utilizado em uma das fases do *legal design*.

5.1. O que é *design thinking*

Como muitos dos termos viraram moda, diversas pessoas confundem *legal design* e *design thinking*. Embora o primeiro possa utilizar a metodologia do segundo na resolução de problemas ou na criação dos produtos, os termos não são sinônimos e um não pode ser reduzido ao outro.

Dizer que *legal design* é *design thinking* aplicado ao Direito é um erro. O *design thinking* é uma metodologia muito mais ampla e que pode ser aplicada em qualquer área do conhecimento.

Da mesma forma, falar em *legal design thinking* tampouco faz sentido. Não reduzimos o conceito de *design thinking* para outras áreas, então por que faríamos isso no Direito? Não existe *engineering design thinking*, *medical design thinking*. O *design thinking* é um processo, uma metodologia aplicável para qualquer área.

Assim, a aplicação dele no processo de uma determinada área do conhecimento não altera a sua metodologia nem a torna especial em relação a essa área em que está sendo aplicado.

O *design thinking* é uma metodologia focada em organizar o processo criativo (a criação de algo, por exemplo) e gerar soluções para problemas.

Como o *legal design* foca na criação de um produto ou serviço jurídico, ele pode e deve utilizar o processo de *design thinking* em uma de suas etapas.

Portanto, fica claro que o *legal design* não se resume ao *design thinking*, mas se utiliza dessa metodologia em uma das suas etapas.

5.2. As etapas do *design thinking*

A metodologia de *design thinking* é dividida em cinco etapas:

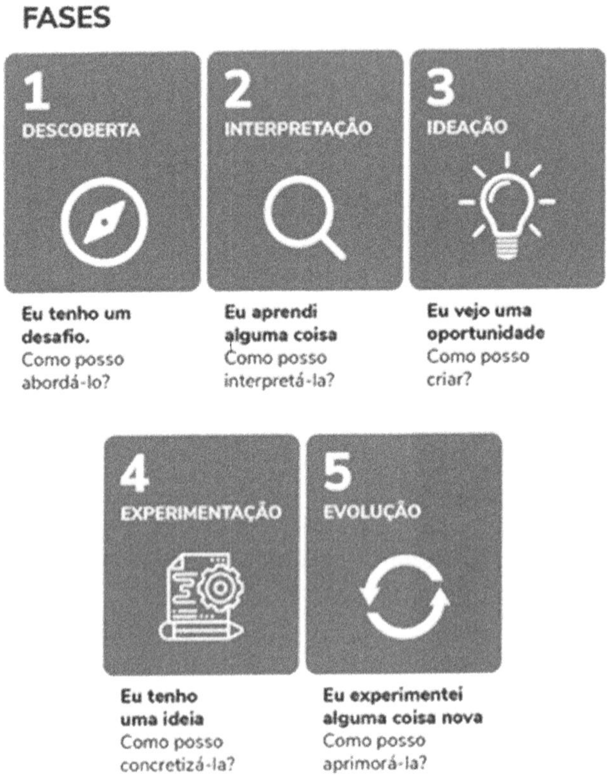

Fonte: IDEO[1]

1 IDEO. Design Thinking For Educators Toolkit. 2. ed., 2012. Disponível em: <www.designthinkingforeducators.com>. Acesso em: 14-10-2020.

A IDEO é uma agência de *design* norte-americana, muitas vezes creditada pela invenção do termo – no entanto ela informa publicamente não ter sido a inventora do termo, uma vez que essa prática partiu de uma evolução histórica e global[2]. Apesar disso, a empresa é conhecida por utilizar a prática há muitos anos e, por isso, tornou-se uma das principais expositoras mundiais do processo. Por essa razão, este livro analisa o processo de *design thinking* a partir do modelo divulgado pela agência.

5.2.1. Descoberta

Na primeira etapa do *design thinking*, fase da Descoberta ou Empatia, o *legal designer* deve definir quem é o usuário. Para isso deverá tentar se colocar na posição de um usuário para compreender suas dores e necessidades.

Nessa fase, deve-se mapear toda a interação que um usuário tem com um produto ou serviço (jornada do usuário) e identificar quais dificuldades ele pode enfrentar em cada uma dessas interações. Isso se aplica desde o momento anterior ao uso ou compra de um serviço ou produto até o pós-venda.

Essas informações podem ser coletadas e analisadas de diversas maneiras, sendo uma delas o envio de um simples formulário para usuários reais com o objetivo de identificar esse processo. Também pode ser feita uma pesquisa exploratória por meio de um site, análise de redes sociais e até mesmo uma vivência no contexto de vida do cliente (como passar um tempo na empresa dele).

No caso do *legal design*, é interessante entender se o usuário prefere leitura digital ou impressa; se tem problema de visão; se é mais conservador ou "antenado" às tendências tecnológicas; quais os horários de trabalho e descanso; se é destro ou canhoto; dentre outros comportamentos. Todos esses exemplos podem influenciar a experiência que o usuário terá ao ler o seu documento.

Quanto mais informações você puder coletar sobre o cliente, mais fácil será identificar os problemas que devem ser solucionados no processo. Por isso, é interessante que sempre seja criada uma *per-*

2 Informação disponível na descrição da história da IDEO em: <www.designthinking.ideo.com/history>. Acesso em: 14-10-2020.

sona – um personagem fictício que apresenta as características dos seus usuários.

Se o usuário não é uma pessoa específica, mas um público ou uma empresa, é interessante criar uma *persona* que o represente. Afinal, mesmo as organizações são feitas de pessoas. Mesmo dentro de empresas ou públicos, você está se relacionando com pessoas específicas. Identifique dentro da empresa ou no meio de um público maior com quais tipos de pessoas o seu documento vai interagir.

Nessa fase, é muito importante compreender que não necessariamente o usuário será o destinatário final do documento. Por exemplo, se um escritório de advocacia contrata um *legal designer* para fazer um contrato para um de seus clientes, o escritório é um usuário, mas não o destinatário final do documento.

5.2.1.1. Criando uma persona

Para fazer esse tipo de análise do usuário, é comum que o *designer* tente criar um perfil do usuário, ao qual chamamos de *persona*. Trata-se de um personagem fictício que representa um público-alvo e ajuda direcionar as ideias e ter uma estratégia mais específica. É a pessoa que vai consumir, ou será a destinatária final ou usuária de um produto ou serviço.

Para facilitar a análise, o *designer* pode atribuir nome, idade, endereço, profissão, hobby, preocupações e desejos a essa personagem fictícia. As características devem refletir ao máximo os usuários de um nicho segmentado, para que seja possível identificar melhor como resolver problemas específicos e analisar o comportamento desses usuários. Dessa maneira, será possível criar um documento adequado para o usuário.

Exemplo: o documento a ser elaborado é um contrato de prestação de serviços advocatícios para *startups*. O público-alvo são os empresários jovens. Por meio das pesquisas diretas por conversas e formulários com os clientes, pôde-se descobrir as características: "antenado", preferência por meios digitais, costume com comunicação intuitiva, presente em redes sociais, faixa etária entre 25-35 anos. Com essas informações, conseguimos montar uma *persona*:

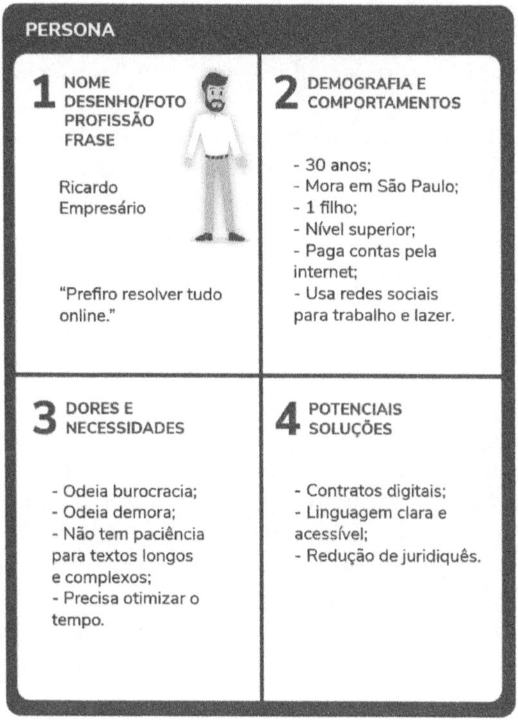

Fonte: elaboração própria

5.2.2 Interpretação

Com informações sobre o usuário e usando o processo de empatia para se colocar no lugar dele, o *legal designer* pode identificar suas dores e o que ele precisa. A partir de então, passa-se para a segunda fase: a Interpretação.

Pode ser que sejam identificados muitos problemas. Muitas vezes, dores além das que o cliente se queixa. No entanto, para essa etapa, é interessante identificar os principais problemas a tratar no processo de *design thinking*. Quanto mais direcionada for a análise, mais chances de sucesso no projeto. Identificando o principal problema, passa-se a ter um objetivo bem delimitado.

Exemplo: os problemas identificados foram: a dificuldade de compreensão dos termos jurídicos; a falta de interesse em ler textos longos; muitos afazeres; e muito tempo em redes sociais.

5.2.3. Ideação

Com os problemas identificados, passa-se à terceira etapa: a Ideação. Esse é o momento de pensar em soluções. Nessa fase, é importante reunir um time. O *design thinking* é um método colaborativo, por isso, é importante ter pessoas com pensamentos e vivências distintas. Aqui, a multidisciplinaridade da equipe faz toda a diferença.

Profissionais de áreas diferentes agregarão pontos de vista diversos e isso resultará em um amplo leque de ideias. Para que isso seja possível, é importante que todos estejam a par das primeiras etapas, saibam todas as informações coletadas sobre o usuário, ou, se possível, participem desde o início do processo.

A fase de Ideação é quando se faz o *brainstorming*, processo que tem como objetivo coletar o máximo de ideias possíveis. Por isso, é considerado como um processo criativo. Alex Osborn foi responsável por batizá-lo, em 1953, em seu livro *Applied imagination:* The principles and procedures of creative thinking, e costumava aplicar a técnica durante as sessões de criação que realizava em sua agência de *marketing* (OSBORN, 1953, p. 297).

O processo inicia com uma reunião, para que todos lancem todas as ideias que vierem à mente. Toda ideia é bem-vinda, nenhuma é absurda. O objetivo é gerar o máximo possível de ideias para fazer a seleção de quais aplicar em um momento posterior. Por essa razão, durante a fase de *brainstorming*, não pode haver qualquer tipo de juízo de valor sobre as ideias apresentadas.

O processo de *brainstorming* deve ser feito em dois momentos: o primeiro, silencioso, em que todos colocam suas ideias por escrito. Esse momento é importante para que as pessoas fiquem à vontade para participar, pois é comum indivíduos mais introvertidos serem ofuscados pelas mais comunicativas.

O segundo momento é aberto para debater sobre as ideias escritas ou as que surgirem na hora, analisar todas e escolher as mais viáveis. A escolha das ideias deve ser feita com base em critérios objetivos como prazo para implementação, custo, facilidade de implementação, dentre outros.

Quem é autônomo e costuma trabalhar sozinho também consegue realizar o *brainstorming*. Para ampliar o horizonte e ter mais pontos de vista diferentes, recomenda-se conversar com pessoas de outras áreas, parceiros e até mesmo familiares.

Por exemplo, as ideias eleitas foram: redução de texto; substituição de termos jurídicos difíceis; esquemas gráficos de explicação; uso de cores; uso de ícones familiares aos das redes sociais; e interatividade.

5.2.4. Experimentação

Ideias escolhidas, seguimos para a etapa de Experimentação ou Prototipação. Nesse momento, construímos uma versão simplificada para ser testada na próxima fase. Um protótipo de um documento pode ser feito à mão, com papel e lápis ou com colagem antes de passar para os *softwares*.

Fonte: elaboração própria

Esse exercício é interessante para que quem não tenha aptidão com programas de *design* possa ilustrar a sua ideia e passá-la para quem vai executar o protótipo digital. Nessa etapa, não se aperfeiçoa o produto, pois ainda terá a fase de teste e, normalmente/sempre há ajustes a fazer. Quanto menos tempo perdido, mais rápido chega-se ao produto final. Errar rápido é uma característica dessa metodologia.

5.2.5. Evolução

Protótipo pronto, agora é hora de testar. O primeiro teste pode ser feito com pessoas próximas que não participaram do processo de criação. O protótipo deve ser enviado para ser lido e avaliado em outros dispositivos como celular e *tablet*, além de ser impresso para testar a leitura em papel. A leitura impressa proporciona uma percepção panorâmica que facilita a identificação de falhas de digitação e diagramação, que passam despercebidas na leitura digital.

Essas falhas devem ser corrigidas antes de enviar o documento para o teste com os clientes ou usuários. Eles que darão os mais importantes *feedbacks* sobre o documento, que podem não vir explícitos. Um exemplo de indicador implícito da melhora da experiência do usuário é a redução no tempo de resposta e ruídos na comunicação, como ligações ou mensagens para tirar dúvidas sobre o documento.

Havendo *feedbacks* negativos, deve-se analisar se houve alguma falha no decorrer do processo, se faltou alguma informação importante sobre o usuário, ou se a ideia escolhida deixou de alcançar o objetivo eleito. Por isso, o *design thinking* é um processo que gera um *looping* de aprendizado. Depois da última fase, de teste, tendo pontos a corrigir, é essencial voltar para a fase inicial para identificar o que faltou para o protótipo funcionar. Por fim, deve-se fazer as alterações necessárias para testar novamente a reação do usuário.

6. PRINCÍPIOS DE *DESIGN*

Como mencionado, o *design* se preocupa com a funcionalidade das coisas e a interação do produto com as pessoas. Quando é bem feito, os resultados são ótimos. Quando é mal feito, os produtos perdem utilidade e frustram os usuários. Uma forma de evitar isso é utilizar a corrente mais atual do *design*, ou seja, fazer o *design* centrado no usuário. Essa é uma abordagem que coloca as necessidades, as capacidades e o comportamento do usuário em primeiro lugar e o *design* serve para acomodar esses fatores (NORMAN, 2013, p. 9). O processo de *design thinking*, portanto, é uma maneira de colocar o usuário no centro da concepção do produto, por conta da fase da empatia que permeia esse processo.

Pensando nisso, elencamos, abaixo, alguns fatores importantes, do ponto de vista de *design*, que devem ser seguidos, no momento de criar documentos utilizando a técnica do *legal design*. Esses recursos devem ser utilizados conforme forem úteis ao documento e quando auxiliarem o usuário a entender melhor a mensagem do documento que o *legal designer* for criar.

6.1. Identidade visual

Identificar o autor do documento é primordial. Além do reconhecimento, uma marca com uma forte identidade visual agrega valor. Quando falamos em identidade visual, queremos dizer que isso não se limita a colocar um logotipo da empresa no documento. Trata-se de utilizar todos os elementos representativos daquela empresa. É o conjunto de elementos padrões utilizado pela empresa, que traz essa identidade. Podem ser: a iconografia, as cores, as formas, a fonte e seu tamanho ou estilo, e a diagramação.

Por isso, é sempre importante solicitar ao cliente o manual da marca, em que estão descritas todas as regras do uso da marca, para posterior aplicação nos documentos jurídicos a serem criados. Quanto mais padronizados forem os documentos, mais identidade a marca consegue gerar.

6.2. Hierarquia

A maneira como articulamos os elementos em uma página pode direcionar a leitura do usuário no sentido que desejamos. Por meio desse princípio, o *legal designer* vai orientar o olhar do usuário aos diferentes elementos na ordem de importância. A hierarquia visual pode ser implementada por meio de variações de escala, valor, cor, espaçamento, posicionamento e vários outros sinais (GORDON, 2020).

Identifique quais informações devem ser passadas para o usuário na hora de montar o *layout* do documento. Essas informações precisam estar em lugares estratégicos e colocadas de forma que chamem a atenção do usuário. Veja, abaixo, como o simples uso de uma seta indicativa entre cláusulas pode, por exemplo, orientar a leitura do usuário de um contrato:

Fonte: Trecho de modelo desenvolvido com a coordenação de Cemin, Röse e Rodrigues Advocacia – C2R Advocacia e design da agência Circulae, designers Carlei Nunes e Maiara Ferrari para o Impact Hub de Florianópolis.

6.3. Escala

O tamanho é a forma mais eficaz de destacar ou esconder um elemento. Uma palavra ou uma imagem maior chama mais atenção e passa a mensagem com mais força. A escala força o usuário a fazer uma comparação dos elementos dispostos no documento. Isso permite ao *legal designer* criar um equilíbrio das informações, focando nos elementos dominantes. Quanto maior a escala, maior a ênfase e vice-versa.

A escala também pode ser utilizada para criar uma ilusão de profundidade, de forma que elementos maiores parecem estar mais próximos e os menores mais distantes. De acordo com Kelley Gordon (2020), um *design* deve usar elementos que tenham até no máximo três tamanhos diferentes. Dessa maneira, será possível estabelecer uma hierarquia visual.

6.4. Cores

Na última década, o interesse pela pesquisa sobre a cor e os seus reflexos psicológicos aumentou. Todavia, isto não é algo novo. Johann Wolfgang von Goethe, em meados de 1800, despertou o interesse pelas cores e iniciou a investigação pela natureza ótica do fenômeno e pela tradição colorística das pinturas da Renascença e, em 1810, publicou o seu livro *Teoria das cores*. Em determinado trecho, GOETHE (1840, p. 350) aborda a simbologia das cores, demonstrando que cada uma delas tem um caráter próprio, além dos estados de ânimo específicos e as sensações, as reações e os comportamentos similares que elas provocam.

Atualmente, a psicologia das cores retrata o comportamento dos indivíduos e a forma com que reagem quando expostos a elas. Uma pesquisa sugere que cores como o azul e o vermelho influenciam no desempenho de tarefas cognitivas. Segundo um estudo, as cores têm influência de acordo com o contexto e não representam necessariamente algo sozinhas. A pesquisa, realizada por acadêmicos, identificou que o vermelho (em comparação com o azul) pode ativar um sentido de alerta (em comparação com o sentido convidativo). No entanto, pode melhorar o desempenho de um usuário em tarefas cognitivas detalhadas (contra tarefas criativas).

Por essa razão, dependendo da natureza da tarefa, cores diferentes podem ser benéficas. Se a tarefa em mãos requer a atenção vigilante das pessoas (por exemplo, memorizar informações importantes ou compreender riscos), então o vermelho (ou outra cor que ativa um senso de alerta) pode ser particularmente apropriado.

No entanto, se a tarefa exigir criatividade e imaginação (por exemplo, projetar uma loja de arte ou uma sessão de *brainstorming* para um novo produto), então azul (ou outra cor convidativa) seria mais benéfico[1]. Esse estudo explica, por exemplo, como as pessoas atribuem certos pensamentos ou sentimentos às cores. Por isso, é importante entender o significado de cada uma delas e seus efeitos psicológicos para utilizá-las da maneira certa, de acordo com o contexto em que são inseridas.

6.5. Contraste

Esse princípio serve para destacar a diferença entre os elementos, dando ênfase em algum deles (GORDON, 2020). O contraste pode ser feito por meio do uso de recursos de escala, tipografias ou cores.

Em termos textuais, um dos contrastes mais comuns é entre a cor do texto e a cor do plano de fundo. O mais alto contraste que pode ocorrer é o fundo branco com texto preto, o que resulta em maior legibilidade para o usuário. Por essa razão, essa é a forma mais comum para textos longos.

Ao contrário, um fundo preto com texto branco também resulta em um alto nível de contraste, mas deixa o *design* pesado e a leitura cansativa. Por isso, é aconselhável que ele seja usado para blocos de texto menores. Para saber contrastar outras cores, é importante conhecer o círculo cromático e suas combinações.

6.6. Equilíbrio

Esse princípio ocorre quando os elementos visuais estão igualmente distribuídos nos dois lados do documento, se pensarmos que existe um eixo imaginário cortando o documento. Essa linha imaginária pode ser vertical ou horizontal e os elementos não precisam ser necessariamente iguais em quantidade ou tamanho, mas o peso do conjunto deve estar em equilíbrio com o outro lado (GORDON, 2020).

1 Pesquisa disponível em: <www.science.sciencemag.org/content/323/5918/1226>. Acesso em: 14-10-2020.

Isso garante a harmonia, a organização e a clareza do *design*. Esse equilíbrio atrai a atenção e a concentração do usuário. Apesar disso, é possível destacar elementos para servirem como pontos focais.

6.7. Alinhamento

O objetivo desse princípio é conectar os elementos e deixar o *design* limpo e organizado para ajudar na compreensão do usuário. Um documento desalinhado passa a ideia de desorganização, falta de compromisso e profissionalismo. Portanto, os elementos não podem ser colocados aleatoriamente na estrutura do documento. Deve haver uma unidade lógica entre os princípios destacados neste livro. Os elementos devem estar alinhados com um ou mais componentes para criar unidade e coesão (LIDWELL, HOLDEN e BUTLER, 2003, p. 22).

Ao montar um *layout*, é interessante escolher apenas um tipo de alinhamento como principal, para manter uma linha de coerência e harmonia. Os outros alinhamentos devem ser usados com moderação e com uma razão específica. O alinhamento pode ser feito à esquerda (o fim das frases fica irregular), à direita (o início das frases fica irregular), ao centro (ambas as extremidades ficam irregulares, mas o texto fica alinhado ao centro) e justificado (ambas as extremidades ficam alinhadas).

6.8. *Grid*

Os *grids* são linhas verticais e horizontais que proporcionam uma estrutura de composição de peças de *design*, com objetivo de ajudar na organização de elementos, no alinhamento, no equilíbrio e na hierarquia da informação (WHITE, 2011, p. 123).

Além de garantirem harmonia no *design*, os *grids* ajudam a manter um padrão das páginas. E como documentos jurídicos costumam ter várias páginas, usar *grid* é uma ótima alternativa para organizar as informações.

Outro benefício da utilização desse recurso é a otimização de tempo e trabalho, pois os *grids* são guias que sinalizam onde posicionar os elementos. Dessa forma, evita-se a demora para escolher onde pôr determinado elemento. Por isso é importante ter um *grid* padrão para cada tipo de documento.

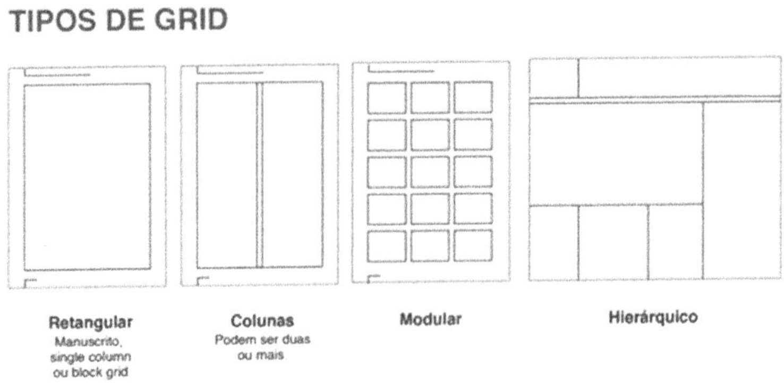

Fonte: elaboração própria

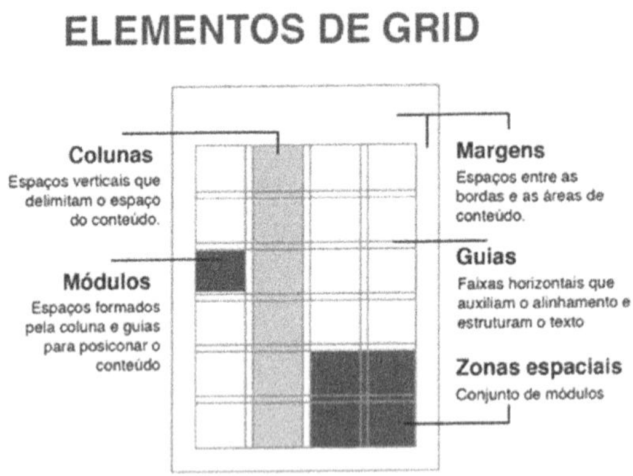

Fonte: elaboração própria

6.9. Espaço negativo

Vulgarmente chamado de "espaço em branco", em volta do objeto, no *layout*, o espaço negativo é um elemento visual tão importante quanto qualquer outro. Apesar do nome comum, o espaço negativo não é necessariamente branco. Ele será da cor do plano de fundo do documento (HU e XU, 2019, p. 329).

Sem esse recurso, o *design* fica poluído, exaustivo e não consegue ser compreendido facilmente pelo usuário. A ideia é oferecer maior legibilidade. No caso de documentos jurídicos, que possuem como função principal a transmissão de informações complexas, o espaço negativo é indispensável. Ele ajuda a concentrar a atenção no espaço positivo (o conteúdo), pois oferece um contraste que possibilita o destaque, além de dar o respiro necessário aos elementos.

O uso desse recurso serve para o descanso dos olhos, sinalizar que há uma quebra de seção ou fim da comunicação, criar um espaço implícito, ou determinar os limites de um espaço.

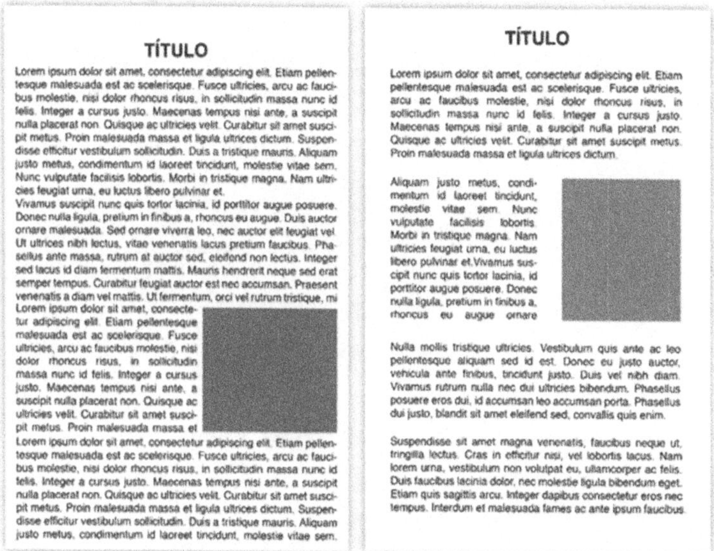

Fonte: elaboração própria

Nos exemplos acima, podemos ver que o texto da esquerda não deixou nenhum espaço de respiro para o texto, nem para o retângulo, que representa uma imagem, sequer para o leitor. Já no exemplo da direita, o *layout* está menos pesado e com áreas brancas de contraste e respiro, facilitando a leitura, com pausas entre os elementos.

Quanto mais objetividade na informação, menos texto se tem e mais espaço é ganho para dinamizar o *layout*. No entanto, se o texto for grande, deve-se distribuí-lo em mais páginas. É preferível ler mais páginas harmônicas, limpas e claras, do que apenas uma poluída e cansativa.

6.10. *Gestalt*

Os princípios de *gestalt* demonstram como as pessoas interpretam que certas informações estão relacionadas. Quando há elementos semelhantes ou padrões, as pessoas tendem a simplificar imagens complexas. Proximidade, similaridade, *containers* e elementos colocados em uma região comum são exemplos que podem ser utilizados para obter esse efeito (HARLEY, 2020). Veja o exemplo criado pelos autores, utilizando um recurso de linhas para criar *containers* no modelo denominado "5W2H[2]". O padrão dos elementos também demonstra a similaridade entre eles:

Fonte: elaboração própria

2 A sigla é um acrônimo, em inglês, que representa as principais perguntas que devem ser feitas e respondidas ao investigar e relatar um fato ou situação: Who? (Quem?), What? (O que?), Where? (Onde?), When? (Quando?), Why? (Por que?), How? (Como?) e How much? (Quanto?).

7. RECURSOS DE *LEGAL DESIGN*

Alguns recursos de *design* são comumente utilizados na criação dos documentos que se pautam pelas técnicas de *legal design*. Esses recursos podem auxiliar a compreensão do destinatário final sobre o documento jurídico apresentado.

7.1. Uso de ícones

Um estudo indica que reconhecemos as palavras e letras em um texto como se fossem uma imagem[1]. Se fazemos isso, nada melhor do que uma imagem para trazer de forma mais rápida e clara à mensagem que se quer passar em um trecho de texto. O uso de ícones reduz o esforço que a pessoa precisa fazer para entender o conteúdo (LIDWELL, HOLDEN e BUTLER, 2003, p. 110).

Ícones são utilizados nos modelos para identificar, de forma mais fácil e visual, as informações no documento. São uma maneira de o leitor conseguir compreender o conteúdo de uma cláusula sem precisar fazer a sua leitura, tornando possível a sua identificação em uma busca por um assunto específico no contrato. Além disso, associações visuais ajudam na memorização de uma informação importante.

Os ícones também podem ser utilizados para identificar ações a serem tomadas, como no caso do campo para assinatura abaixo.

1 O estudo publicado pela Scientific American indica que a área do cérebro humano ativada pela leitura de textos é a responsável pelo processamento de imagens. Disponível em: <www.scientificamerican.com/article/when-we-read-we-recognize-words-as-pictures-and-hear-them-spoken-aloud/>. Acesso em: 14-10-2020.

Caso o ícone seja usado sem acompanhamento de texto, é imprescindível que ele seja de conhecimento universal. Do contrário, ele pode causar confusão e diminuir o nível de experiência do usuário.

Para manter a identidade visual, escolha ícones do mesmo estilo. Se começar usando um ícone em linhas, como no exemplo abaixo, mantenha o padrão até o fim. É interessante ter uma iconografia própria da empresa para usar em todos os documentos.

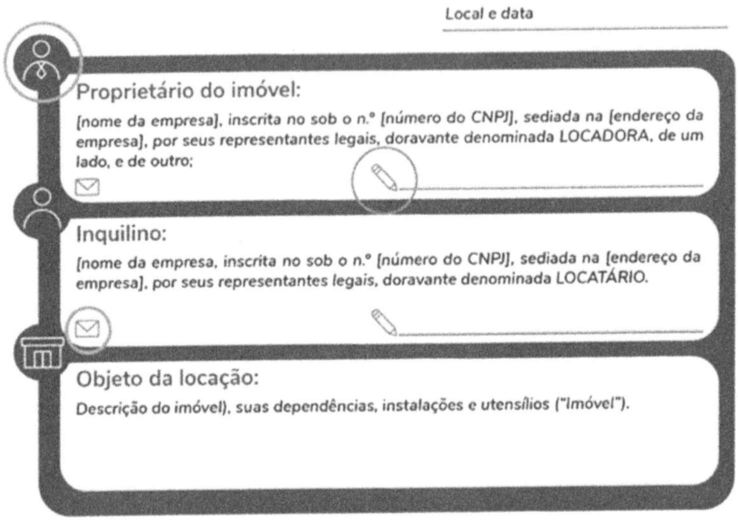

Fonte: elaboração própria

7.2. Trechos grifados

Grifar trechos das cláusulas contratuais, peças processuais ou memorandos, que possam transmitir a parte central do seu conteúdo, pode auxiliar na leitura mais rápida de um documento jurídico e também na identificação de um conteúdo específico pelo qual o usuário busca no documento.

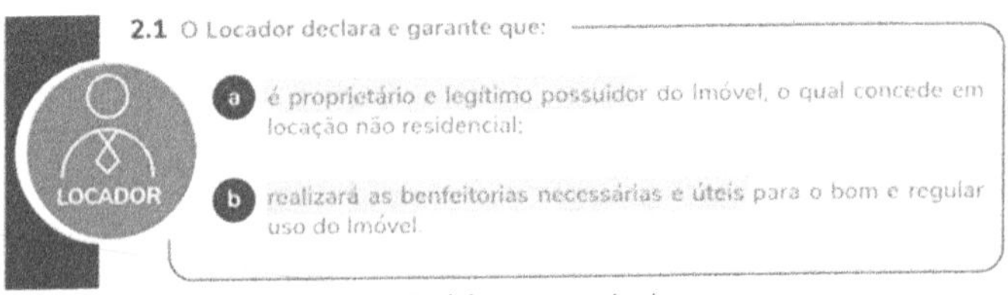

Fonte: elaboração própria

Um mau hábito que existe no meio jurídico é destacar textos de várias maneiras. É comum vermos um parágrafo inteiro com negrito, sublinhado e letras garrafais. Isso é a maior poluição visual que se pode fazer em um texto. Para destacar algum elemento, primeiro precisamos dar espaço a ele. Se incluímos linhas embaixo, engrossamos e alongamos o corpo do texto, perdemos o espaço de respiro e ele não vai se destacar. Pelo contrário, a legibilidade vai ser prejudicada, deixando o usuário cansado. Portanto, na hora de destacar texto longo, escolha apenas uma forma. Só não escolha deixar tudo maiúsculo, porque isso também atrasa a leitura.

7.3. Fluxogramas

O uso de fluxogramas explicativos para o texto pode facilitar a sua compreensão.

5.1 Desejando vender o Imóvel, o Locador deverá notificar o Locatário para que este possa exercer seu direito de preferência na aquisição do Imóvel, nas mesmas condições que for oferecido a terceiros. Para exercer a preferência o Locatário deverá manifestar seu interesse por escrito a notificação no prazo de 30 (trinta) dias. Caso o Imóvel seja alienado durante o prazo locatício, o Locador se obriga a incluir no contrato com o adquirente a obrigação de manutenção do presente Contrato.

Fonte: elaboração própria

Em alguns casos, um fluxograma pode ser utilizado, inclusive, para substituir o texto de uma cláusula.

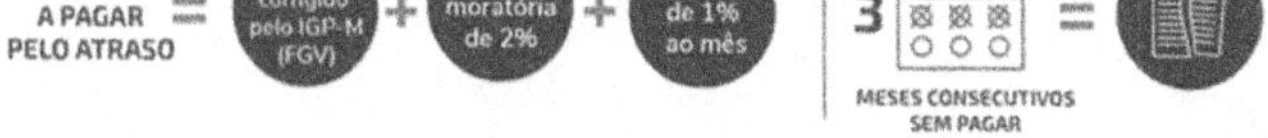

Fonte: elaboração própria

7.4. Linha do tempo

Ajuda na explicação de uma sequência de fatos e substitui grandes textos. É muito útil para ilustrar a ordem cronológica em um contrato, memorando ou peça processual.

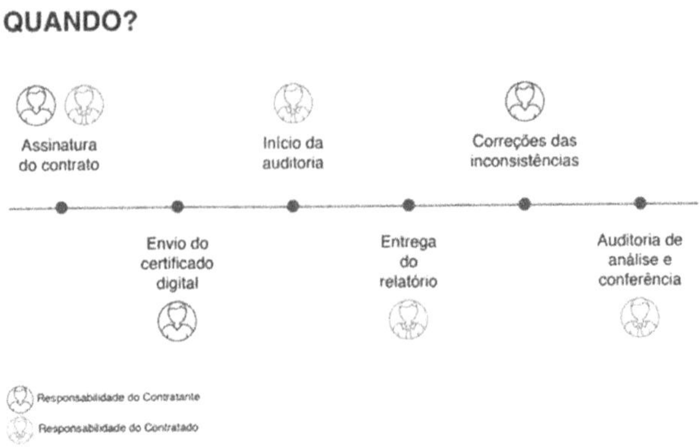

Fonte: elaboração própria

7.5. Fontes, numeração e marcadores

Fontes diferentes no documento podem chamar a atenção do leitor para áreas diferentes do contrato. Além disso, podem trazer uma maior organização visual para facilitar a leitura do documento. O mesmo ocorre com a numeração nas diferentes cláusulas.

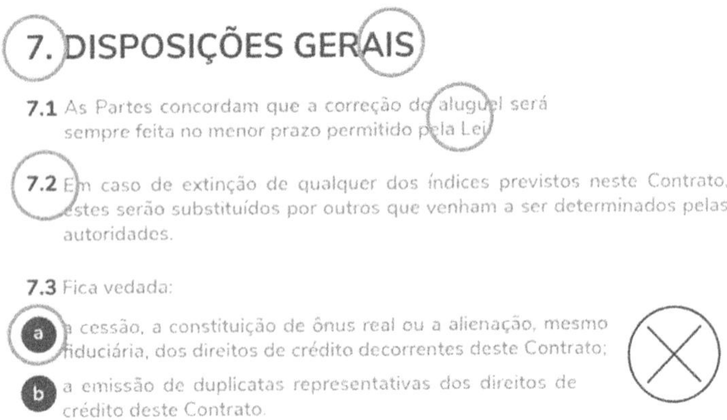

Fonte: elaboração própria

7.5.1. Tipografia

A tipografia também é um dos elementos mais importantes de um material gráfico. A escolha da fonte deve ser feita baseada na identidade visual do emissor e no modo como o receptor vai ler o documento.

Um estudo realizado por Larson e Picard (2005) identificou que a tipografia de um texto parece impactar o humor das pessoas, bem como resultar em interpretações e pensamentos mais rápidos.

Os autores da pesquisa fizeram um teste em que ofereceram para dois grupos diferentes um texto com boa tipografia e um texto com uma tipografia ruim para serem lidos em um *tablet*. Ao fim do estudo, verificaram que as pessoas que leram o texto com tipografia ruim ficaram em um estado de humor pior do que aquelas com o texto de boa tipografia. Em consequência, no teste seguinte, o grupo que leu o texto com boa tipografia conseguiu completar mais testes e com respostas mais rápidas do que o grupo com tipografia ruim no texto.

7.5.2. Numeração

A numeração é indispensável para organizar uma sequência de informações e para manter o leitor situado. Pode ser feita por números decimais, romanos ou letras. Sempre atendo-se à hierarquia, mudando o tamanho da fonte nos tópicos e subtópicos.

Os marcadores são um outro recurso que pode auxiliar na construção de hierarquia. São elementos visuais que destacam um título ou subtítulo (uma espécie de sombreamento colorido atrás do texto), evitam confusão e dão hierarquia, melhorando a estrutura. É interessante criar marcadores padrões para todos os documentos de uma empresa, para reforçar sempre a identidade visual.

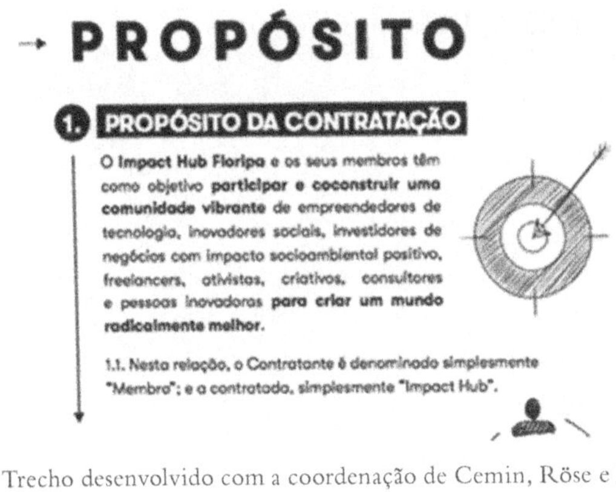

Fonte: Trecho desenvolvido com a coordenação de Cemin, Röse e Rodrigues Advocacia – C2R Advocacia e design da agência Circulae, designers Carlei Nunes e Maiara Ferrari para o Impact Hub de Florianópolis.

7.6. Espaçamento

O espaçamento maior entre as cláusulas de um contrato ou os parágrafos de uma peça ou memorando jurídico traz uma quantidade maior de fundo branco, essencial para uma boa leitura do documento. A opção pelo fundo branco também resulta em um maior contraste das letras.

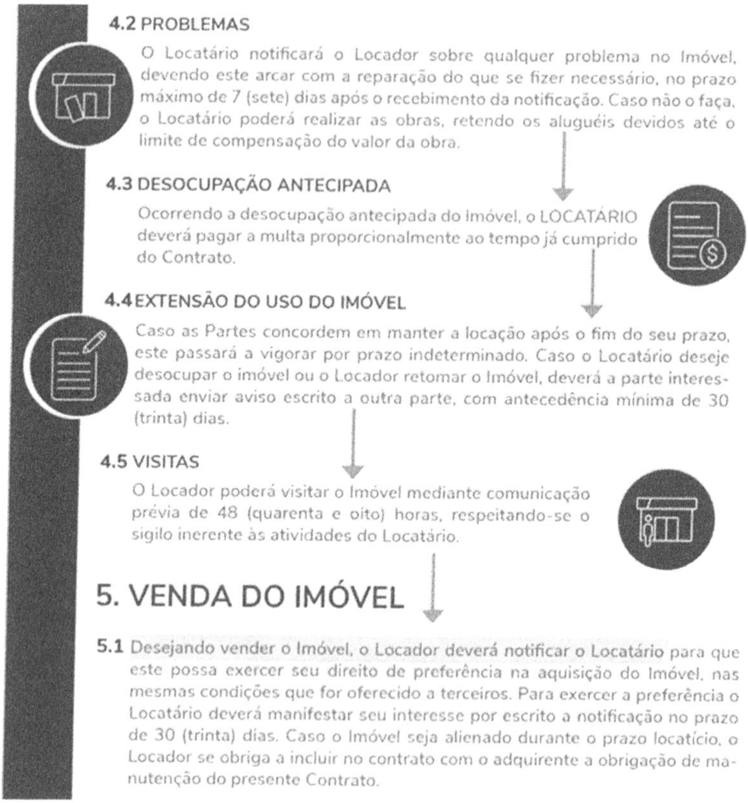

4.2 PROBLEMAS

O Locatário notificará o Locador sobre qualquer problema no Imóvel, devendo este arcar com a reparação do que se fizer necessário, no prazo máximo de 7 (sete) dias após o recebimento da notificação. Caso não o faça, o Locatário poderá realizar as obras, retendo os aluguéis devidos até o limite de compensação do valor da obra.

4.3 DESOCUPAÇÃO ANTECIPADA

Ocorrendo a desocupação antecipada do Imóvel, o LOCATÁRIO deverá pagar a multa proporcionalmente ao tempo já cumprido do Contrato.

4.4 EXTENSÃO DO USO DO IMÓVEL

Caso as Partes concordem em manter a locação após o fim do seu prazo, este passará a vigorar por prazo indeterminado. Caso o Locatário deseje desocupar o imóvel ou o Locador retomar o Imóvel, deverá a parte interessada enviar aviso escrito a outra parte, com antecedência mínima de 30 (trinta) dias.

4.5 VISITAS

O Locador poderá visitar o Imóvel mediante comunicação prévia de 48 (quarenta e oito) horas, respeitando-se o sigilo inerente às atividades do Locatário.

5. VENDA DO IMÓVEL

5.1 **Desejando vender o Imóvel, o Locador deverá notificar o Locatário** para que este possa exercer seu direito de preferência na aquisição do Imóvel, nas mesmas condições que for oferecido a terceiros. Para exercer a preferência o Locatário deverá manifestar seu interesse por escrito a notificação no prazo de 30 (trinta) dias. Caso o Imóvel seja alienado durante o prazo locatício, o Locador se obriga a incluir no contrato com o adquirente a obrigação de manutenção do presente Contrato.

Fonte: elaboração própria

7.7. Linguagem

A linguagem também deve ser clara, evitando o jargão técnico quando possível (por exemplo: "inadimplemento" pode se tornar "descumprimento"). Ao pensar nos usuários do documento, o *legal designer* deve compreender que nem todos têm o mesmo conhecimento técnico da pessoa que o escreveu. Por isso, eliminar ao máximo jargões técnicos facilita a compreensão dos usuários.

No entanto, em muitos casos, é necessária a utilização de alguns jargões técnicos. Nesses casos, é possível auxiliar a compreensão dos textos por meio de outros recursos de suporte, como ícones, fluxogramas, resumos, entre outros.

7.8. Gamificação

Gamification, ou gamificação, é um processo de integração de elementos lúdicos (exemplos: pontos, premiações, placares, desafios) em produtos e serviços para incentivar a participação e aumentar o engajamento de um determinado público (BUSARELLO, 2016, p. 13).

De acordo com a psicologia do sistema de recompensas, à medida que jogamos e nos sentimos motivados, nosso cérebro libera dopamina, proporcionando sensações agradáveis de prazer e bem-estar (BUSARELLO, 2016, p. 25). Estudos sugerem que o nosso cérebro nos estimula para prever e obter resultados gratificantes por conta da dopamina que é liberada quando atingimos esses resultados (FOERDE e SHOHAMY, 2011). Essas teorias têm sido utilizadas, por exemplo, para desenhar aplicativos. Teoricamente, seria possível criar esse tipo de estímulo ao criar documentos também – principalmente aqueles que contam com recursos de tecnologia (por exemplo, os disponíveis em páginas de *Internet*).

Assim, ao incorporar recursos lúdicos de forma adequada, é possível encorajar um usuário a atingir uma meta e concluir uma tarefa obrigatória (em casos de burocracia, por exemplo), que, a princípio, pode ser percebida por ele de maneira negativa.

Se pensarmos na pesquisa realizada por Larson e Picard (2005), a criação de um ambiente agradável, relaxante e intrigante poderia auxiliar os usuários de documentos jurídicos a absorverem informações de forma mais simples e facilitar ou agilizar a tomada de decisões que resultam de um documento.

Quando falamos de contratos comerciais, por exemplo, esse é um aspecto relevante a ser explorado. Se as pessoas conseguirem tomar decisões de forma mais rápida, de bom humor e analisarem de forma melhor a informação do contrato, isso poderia levar a uma maior conclusão de negócios, melhores tomadas de decisão, entre outros resultados positivos.

Utilizar esse recurso, no entanto, não significa transformar os produtos ou serviços em jogos. Para criar um sistema de gamificação, é importante pensar em alguns requisitos que devem estar presentes:

a) **Metas:** definir metas motiva o usuário a alcançar um objetivo final. Isso faz com que ele se sinta satisfeito e realizado ao concluí-la, gerando uma sensação de desafio cumprido.

b) **Regras:** é necessário determinar como deve ser o comportamento do usuário e como ele deve proceder para concluir o desafio.

c) ***Feedbacks*:** o usuário precisa receber comentários sobre o seu desempenho, de acordo com o seu progresso em direção às metas estabelecidas. Assim, ele consegue perceber quais ações precisam ser tomadas para concluir.

d) **Recompensas:** atribuir uma recompensa é uma forma de medir o desempenho do participante e dar a ele a satisfação de concluir uma tarefa.

e) **Motivação:** promover motivações ajuda o usuário a movimentar-se em direção ao objetivo final.

Como estamos falando do uso de um sistema de incentivos lúdicos para que um usuário de um documento jurídico complete uma tarefa, é importante tomar cuidado com algumas armadilhas:

a) **Manipulação:** a gamificação tem como objetivo motivar os usuários por meio de uma diversão, não enganá-los ou tentar viciá-los. O objetivo é que o usuário complete uma tarefa.

b) **Exagerar nos recursos:** deve haver equilíbrio. Os exageros fazem com que o recurso perca o propósito.

Como no caso de qualquer recurso de *legal design*, é importante entender quem é o usuário para que o recurso faça sentido e verificar se ele atende aos objetivos que o *legal designer* pretende alcançar com o documento.

No exemplo abaixo, foi utilizada a técnica de gamificação para solucionar o seguinte problema: os clientes não encaminhavam todos os documentos necessários e isso acabava travando o processo.

Fonte: elaboração própria

8. APLICAÇÃO DE *LEGAL DESIGN* EM DIFERENTES TIPOS DE DOCUMENTOS JURÍDICOS

As técnicas de *legal design* podem ser utilizadas de formas diferentes, de acordo com os documentos jurídicos a serem elaborados. Tipicamente, cada espécie de documento tem objetivos específicos e, por isso, alguns recursos podem ser utilizados especificamente para determinados documentos.

Pensando nisso, abaixo, registramos alguns recursos de *design* focados na experiência do usuário, de acordo com cada tipo de documento.

8.1. O *design* de um contrato

A partir da noção de serviços jurídicos melhores, os contratos evoluíram. O *legal design* auxilia os advogados a elaborarem documentos pensando em todos os recursos disponíveis para facilitar a vida do usuário final do documento. Podem ser utilizados recursos visuais, mas, além disso, a linguagem deve sofrer adequação à realidade do cliente; a fonte, as cores e os tamanhos da letra devem ser levados em consideração; o formato do documento deve ser ajustado para a necessidade do cliente (interface); dentre outros. Tudo isso levando em consideração a experiência do usuário.

O contrato deve passar, desde a sua concepção, por uma análise de como será criado para servir às necessidades do usuário e não mais apenas passar por ajustes de um modelo padrão que o advogado possui.

Note que não se trata de descartar a prática contratual como sempre foi feita, mas apenas aprimorá-la. É importante ressaltar esse ponto, pois muitos movimentos evolutivos tendem a inutilizar movimentos anteriores, e não é isso que pretendemos.

8.1.1. Quadro-resumo

A utilização de um resumo das cláusulas, na primeira página do contrato, é capaz de facilitar a análise dele pelas diferentes áreas e departamentos de uma empresa, já que nem todos os departamentos têm a expertise necessária para analisar um contrato e suas cláusulas.

Do ponto de vista comercial, a utilização de um resumo no início do contrato também facilita a sua finalidade comercial. A facilidade de análise pelo receptor do documento faz com que a negociação dos pontos comerciais seja mais célere e as informações relativas à questão negocial se tornem mais objetivas.

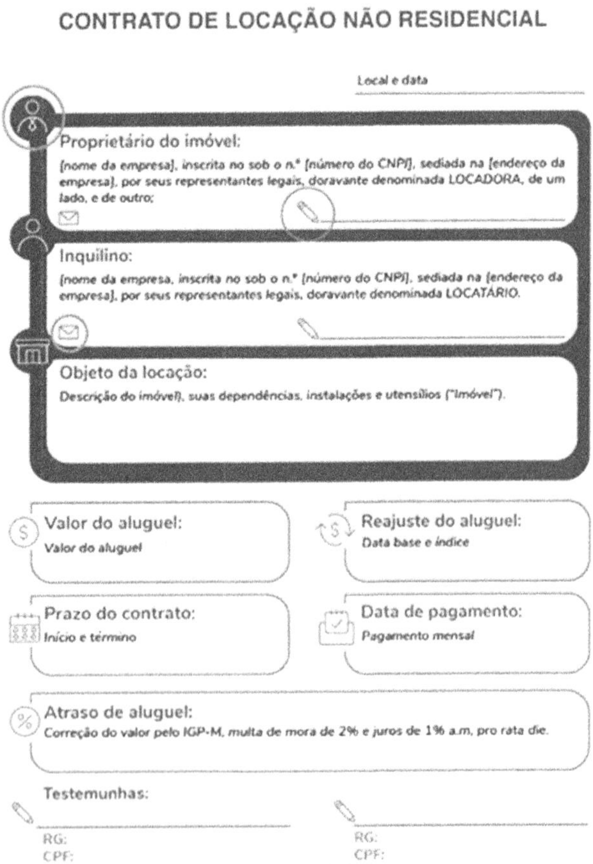
CONTRATO DE LOCAÇÃO NÃO RESIDENCIAL

Local e data

Proprietário do imóvel:
[nome da empresa], inscrita no sob o n.º [número do CNPJ], sediada na [endereço da empresa], por seus representantes legais, doravante denominada LOCADORA, de um lado, e de outro;

Inquilino:
[nome da empresa, inscrita no sob o n.º [número do CNPJ], sediada na [endereço da empresa], por seus representantes legais, doravante denominada LOCATÁRIO.

Objeto da locação:
Descrição do imóvel], suas dependências, instalações e utensílios ("Imóvel").

Valor do aluguel:
Valor do aluguel

Reajuste do aluguel:
Data base e índice

Prazo do contrato:
Início e término

Data de pagamento:
Pagamento mensal

Atraso de aluguel:
Correção do valor pelo IGP-M, multa de mora de 2% e juros de 1% a.m. pro rata die.

Testemunhas:

RG:
CPF:

RG:
CPF:

Fonte: elaboração própria

8.1.2. Concatenação de cláusulas

A contração de cláusulas e a condensação de um mesmo assunto em uma única seção torna o contrato mais claro, evita duplicidade e facilita a compreensão do documento.

Como exemplo, contratos de aluguel tendem a conter diversas cláusulas espalhadas sobre multa ou penalidades por inadimplemento. Ao aplicar as técnicas de *legal design*, reunimos todas essas cláusulas em uma única seção, denominada "Descumprimento".

8.1.3. A aceitação de contratos elaborados com as técnicas de *legal design* em tribunais

A prática dos princípios de *legal design* em contratos ainda é muito recente no Brasil, motivo pelo qual não existe ainda um julgado que demonstre a resposta do judiciário quanto aos documentos contendo estes recursos e tampouco uma jurisprudência consolidada sobre o tema.

No entanto, essa preocupação surge geralmente pela falta de compreensão sobre o assunto. Um contrato utilizando princípios de *design* e experiência do usuário continua sendo um contrato normal, como outro qualquer. A única diferença é que ele possui uma qualidade superior quando comparado aos tradicionais documentos jurídicos, que repetem os padrões instituídos há mais de cem anos. Ele apenas adiciona elementos de *design* para facilitar a compreensão do documento e melhorar a experiência que uma pessoa tem com esse documento.

O importante é que, caso esses contratos sejam questionados, existe respaldo jurídico. O Código Civil prevê que a validade do negócio jurídico requer forma prescrita ou não defesa em lei, e ao mesmo tempo em que a declaração de vontade das partes não depende de forma especial, senão quando houver tal exigência pela Lei (arts. 104 e 107). Por essa razão, um contrato que possui elementos de *design* não poderia ser invalidado, anulado, ou, ainda, questionado apenas por conter tais elementos. Trata-se de um contrato assim como qualquer outro.

As hipóteses de invalidade dos negócios jurídicos estão previstas nos arts. 166 e seguintes, trazendo, inclusive, as questões de nulidade e anulabilidade. Em nenhum caso, exceto quando há forma prescrita em lei, existe alguma hipótese que pode prejudicar os contratos elaborados com elementos de *design* e de acordo com princípios de experiência do usuário.

Por essa razão, não se deixe enganar: um contrato criado de acordo com princípios de *design* e experiência do usuário não é um novo tipo de contrato. Trata-se de uma evolução da prática contratual, que busca adequar o produto jurídico às necessidades de seu destinatário final – o que não ocorria antes.

8.2. O *design* de peças

Peças processuais podem se beneficiar de forma expressiva das técnicas de *legal design*. Se o objetivo de uma peça processual é persuadir e convencer o juiz de uma determinada tese, as estratégias de *design*, especialmente os *nudges*, são um recurso importante. Pensar em como o usuário de uma peça processual – o juiz – vai utilizar e compreender o documento passa a ser essencial.

Do outro lado, o advogado precisa verificar quais recursos podem auxiliá-lo no convencimento dos juízes. É necessário pensar em quais recursos são realmente úteis para a persuasão e quais são supérfluos ou prejudicam a compreensão do juiz.

A Amil, uma empresa de seguros de saúde, elaborou uma contestação utilizando as técnicas de *legal design*. Algumas das técnicas utilizadas servem como exemplo de como aplicá-las em peças processuais.

8.2.1. Linha do tempo

O uso de linhas do tempo para descrever fatos pode ser mais interessante do que a descrição puramente textual:

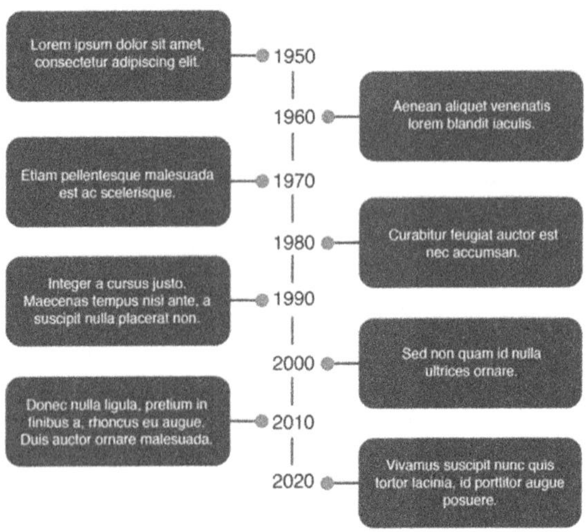

Fonte: elaboração própria

8.2.2. Diagramação

A diagramação do texto também pode ressaltar informações essenciais, dependendo de como for feita. Em vez do tradicional negrito ou textos de caixa alta, diagramações similares àquelas feitas em revistas podem ressaltar informações relevantes de maneira elegante, como feito no exemplo abaixo:

Lorem ipsum dolor sit amet, consectetur adipiscing elit. Etiam pellentesque malesuada est ac scelerisque. Fusce ultricies, arcu ac faucibus molestie, nisi dolor rhoncus risus, in sollicitudin massa nunc id felis. Integer a cursus justo. Maecenas tempus nisi ante, a suscipit nulla placerat non. Quisque ac ultricies velit. Curabitur sit amet suscipit metus. Proin malesuada massa et ligula ultrices dictum. Suspendisse efficitur vestibulum sollicitudin. Duis a tristique mauris. Aliquam justo metus, condimentum id laoreet tincidunt, molestie vitae sem. Nunc vulputate facilisis lobortis. Morbi in tristique magna. Nam ultricies feugiat urna, eu luctus libero pulvinar et.

Duis faucibus lacinia dolor, nec molestie ligula bibendum eget. Etiam quis sagittis arcu. Integer dapibus consectetur eros nec tempus.

Vivamus suscipit nunc quis tortor lacinia, id porttitor augue posuere. Donec nulla ligula, pretium in finibus a, rhoncus eu augue. Duis auctor ornare malesuada. Sed ornare viverra leo, nec auctor elit feugiat vel. Ut ultrices nibh lectus, vitae venenatis lacus pretium faucibus. Phasellus ante massa, rutrum at auctor sed, eleifend non lectus. Integer sed lacus id diam fermentum mattis. Mauris hendrerit neque sed erat semper tempus. Curabitur feugiat auctor est nec accumsan. Praesent venenatis a diam vel mattis. Ut fermentum, orci vel rutrum tristique, mi purus rutrum justo, sit amet scelerisque ipsum sem non quam. Maecenas in purus id nunc finibus congue a a ex. Praesent eu faucibus turpis, eu facilisis ex. Morbi vulputate tempus mauris. Sed non quam id nulla ultrices ornare. Aenean aliquet venenatis lorem blandit iaculis.

Nulla mollis tristique ultricies. Vestibulum quis ante ac leo pellentesque aliquam sed id est. Donec eu justo auctor, vehicula ante finibus, tincidunt justo. Duis vel nibh diam. Vivamus rutrum nulla nec dui ultricies bibendum. Phasellus posuere eros dui, id accumsan leo accumsan porta. Phasellus dui justo, blandit sit amet eleifend sed, convallis quis enim.

Fonte: elaboração própria

8.2.3. *QR Code*

O uso de *QR Codes* em petições pode auxiliar na compreensão dos juízes, no momento de analisarem uma petição, como foi feito nesta peça do escritório Faria, Cendão & Maia, abaixo. O *QR Code* é uma maneira de disponibilizar o acesso a um *link* por meio do escaneamento do código por um *smartphone*.

Superado este prelúdio, a presente ação está sendo proposta tomando como base a publicação do videofonograma, a partir de agora denominado apenas como "clipe", intitulado como "**Tropkillaz, J. Balvin, Anitta - Bola Rebola ft. MC Zaac", no canal "Tropkillaz"** junto à plataforma YouTube de propriedade da GOOGLE BRASIL **(DOCS. 27 e 28)**, que sem a devida autorização do Requerente ou os devidos créditos, utilizou como locação espaço em que há uma das Obras do Requerente, por sinal a de maior reconhecimento junto à seus consumidores e admiradores **("O Anjo" - DOC. 11)**

Em 22 de fevereiro de 2019, foi publicado junto à plataforma de vídeos YouTube o clipe referente à música "Bola Rebola", que possui como intérpretes "Tropkillaz", "J Balvin" e a já mencionada cantora "Anitta", e, como era de se imaginar, alcançou gigantesco sucesso comercial, com mais de **147 MILHÕES de visualizações**, somente na plataforma YouTube **(DOC. 27)**, cabendo destacar que a Ré UNIVERSAL MUSIC, distribuiu o clipe para diversas outras plataformas musicais, como poderá ser observado no **DOC. 29**

Veja-se o clipe mencionado utilizando o QR Code ou o Link abaixo. O videofonograma também será disponibilizado em mídia digital (DVD-R), acautelada em cartório.

LINK:
https://www.youtube.com/watch?v=Iby6qH2WYXY

Como não bastasse, cabe ser destacado que a "capa" do clipe, disponibilizada no YouTube, pode ser descrita como os intérpretes à frente e ao fundo a Obra do Autor **(DOCS. 27 e 28)**, e que tal "capa" foi reproduzida em diversos meios de comunicação de grande circulação **(vide DOC. 30)**

Curiosamente, o processo de escolha da "capa" de um videofonograma é realizado pelo usuário, ou seja, as próprias produtoras, ora Rés, escolheram tal fração do clipe para servir de imagem à "capa" do videofonograma em questão (vide DOCS. 31 e 32).

Em consulta ao Escritório Central de Arrecadação e Distribuição - ECAD, pelo fonograma "Bola Rebola", este, provocador da materialização do clipe, constatou-se que as Rés, SPA PRODUÇÕES e UNIVERSAL MUSIC atuam diretamente como Produtoras Fonográficas **(DOCS. 33, 34 e 35)**, além disso, atuam também como Produtoras Videofonográficas, conforme consta na própria descrição, fornecida por estas, junto à plataforma YouTube **(DOCS. 37 e 37)**

Fonte: Trecho de petição desenvolvida pelo escritório Faria, Cendão & Maia Advogados

Vale lembrar que, embora o recurso seja interessante, não se deve confiar tudo a ele. Quando for utilizar um recurso de *design*, coloque-se sempre no lugar do usuário daquele documento, para refletir se ele realmente vai executar a tarefa que você planejou. Não são todos os juízes que vão sacar o celular ao ler a petição e direcioná-lo para a leitura do *QR Code* – tampouco são todos os celulares que escaneiam o *QR Code* sem a necessidade de instalação prévia de um aplicativo para isso. Por ser um recurso disseminado entre a população apenas nos últimos anos, também existe o problema de que nem todas as pessoas sabem utilizá-lo. Por essa razão, o escritório colocou, logo abaixo, o endereço do *link* por extenso.

Avalie também se o *QR Code* agrega algum valor ao documento, ou se apenas um *link* seria suficiente. Isso porque ao forçar o usuário a utilizar um *QR Code*, você deverá lembrar que ele vai utilizar o *smartphone* para executar essa tarefa. Além disso, caracteres ficam menores na tela do celular (o que dificulta a leitura), então o uso do *QR Code* é mais interessante quando for relativo a imagens e vídeos.

Abaixo, o exemplo de uma inserção de *QR Code* em documento jurídico, considerando as preocupações listadas anteriormente:

Fonte: elaboração própria

8.2.4. Encurtador de *links*

Os *links* podem ser bastante longos ou prejudicar a estética do seu documento. Ao mesmo tempo, podem ser difíceis de lembrar, caso seja necessária a digitação no buscador da *Internet*. Por essa razão, é interessante utilizar um serviço de encurtamento de *links* quando for adicionar esse tipo de informação no seu modelo. Encurtadores de links diminuem o tamanho do *link* e o deixam esteticamente mais bonito. Adicionalmente, os encurtadores de *link* podem até permitir que você renomeie o *link* para torná-lo mais atrativo. Outra funcionalidade que esse tipo de recurso traz é a verificação dos cliques de acordo com hora, data e por onde vieram. Dessa maneira, torna-se possível até mesmo analisar se o recurso funcionou e se está sendo utilizado pelos juízes – ou seja, você passa a ter um *feedback* sobre a funcionalidade que adicionou à peça. Lembre-se de sempre verificar se a versão encurtada do *link* ou o *QR Code* está funcionando.

8.2.5. Planos de fundo

Note também como a petição elaborada pelo escritório Faria, Cendão & Maia utiliza o recurso de um ícone e uma barra mais escura no plano de fundo para ressaltar uma informação no texto. São recursos simples, mas que servem a uma funcionalidade clara: chamar a atenção.

A propósito, recentemente a 13ª Vara Cível da Comarca de São Paulo/SP - Foro Central julgou um caso semelhante ao caso ora narrado **(Processo nº 1116700-09.2018.8.26.0100)**, onde o SBT teria plagiado obras artísticas urbanas e as reproduzido no cenário de uma de suas Novelas **(vide DOCS. 47 e 48)**. Na ocasião, o dano moral foi fixado em **R$ 200.000,00 (duzentos mil reais)**, ao fundamento de que *"a liquidação do dano moral é tarefa que cabe ao prudente arbítrio do juiz, observados os princípios da razoabilidade e proporcionalidade, o poder econômico das partes e as circunstâncias dos fatos, devendo ser suficiente para reparar o dano à vítima lesada sem lhe causar enriquecimento sem causa, por outro lado, também significante a evitar futuras condutas semelhantes por parte da requerida"*.

Dito isto e uma vez configurado o dano moral, o Requerente deve ser ressarcido por todo o abalo emocional sentido ao ver seu trabalho artístico usurpado sem qualquer autorização para exibição, sendo-lhe sonegada a própria identidade (dano moral in re ipsa), sem qualquer remuneração, vendo todos seus direitos morais e patrimoniais de Autor sendo afrontados e expostos sem qualquer constrangimento na rede mundial de computadores.

Dessa forma, ante todo o exposto e em observância às orientações para a fixação do quantum indenizatório, bem como em atenção ao disposto no artigo 944 do Código Civil, pugna o Requerente pela condenação solidária das Requeridas à reparação por **DANOS MORAIS** no valor razoável de **R$ 100.000,00 (cem mil reais)**, por ser medida da mais lídima justiça.

Fonte: Trecho de petição desenvolvida pelo escritório Faria, Cendão & Maia Advogados

8.3. O *design* de memorandos

Assim como nos contratos e nas peças, os memorandos e as opiniões legais também podem se valer de recursos de *legal design* para atingir os resultados pretendidos.

Memorandos e opiniões legais elaboradas por advogados tipicamente consistem em textos enormes e de difícil compreensão pelo receptor e usuário desse tipo de documento. Inclusive, é muito comum que o contratante desse tipo de serviço solicite aos seus advogados uma apresentação sobre o ponto central do memorando ou a opinião legal, já que poucos realmente leem o documento elaborado.

Desenvolveu-se, nesse mercado, a ideia de que um memorando ou uma opinião legal serviria como um documento para respaldar as estratégias a serem praticadas por empresas, por exemplo. Nesse sentido, em caso de questionamento da estratégia por qualquer terceiro, o documento passa a ser exibido como um fator de convencimento desses terceiros e de demonstração da conformidade com as normas pela empresa.

Ao mesmo tempo, esses documentos também são comumente utilizados para a tomada de decisões da administração das empresas que contratam esse serviço. Por essa razão, é importante que o documento traga elementos que facilitem a tomada de decisão dos administradores, bem como apresente, de forma clara, o que se pretende em um documento como este.

Nesse sentido, ao elaborar um memorando ou opinião legal, um advogado pode se valer de recursos como fluxogramas para explicar o que está sendo proposto no documento.

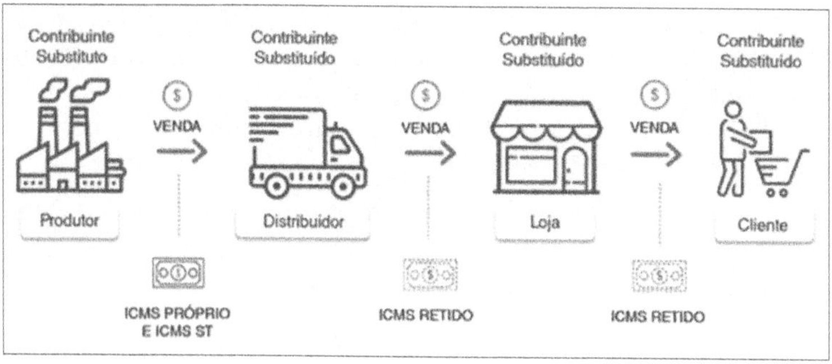

Fonte: elaboração própria

Ao mesmo tempo, a inserção de uma matriz de risco no início do documento facilita a análise da situação como um todo e auxilia na tomada de decisão a ser realizada com base nos riscos jurídicos analisados.

MATRIZ DE RISCO		PROBABILIDADE		
		Alta	Média	Baixa
IMPACTO	Alto	Atraso na liberação da Prefeitura	Atraso no cronograma de entrega	Queda do prédio
	Médio	Acidente de trabalho na construção	Chuvas fortes que podem paralisar a obra	Perda de selo sustentável
	Baixo	Variação de preços dos produtos da obra	Trânsito na região da obra	Queda dos sistemas de computador

Fonte: elaboração própria

8.4. Documentos eletrônicos

Em algumas situações, há uma aderência maior de utilização da tecnologia nos documentos jurídicos. Isso ocorre principalmente nos contratos eletrônicos, muitos voltados para as relações de consumo ou ligados à Lei Geral de Proteção Dados. Esses documentos podem utilizar recursos mais avançados de tecnologia de forma a se tornarem mais interativos.

Stefania Passera foi a criadora da política de privacidade de uma empresa denominada Juro. Ao criar a política de privacidade, ela utilizou algumas técnicas que podem ser úteis em projetos de *legal design* que dispõem de recursos de tecnologia.

8.4.1. Versão resumida e extensa

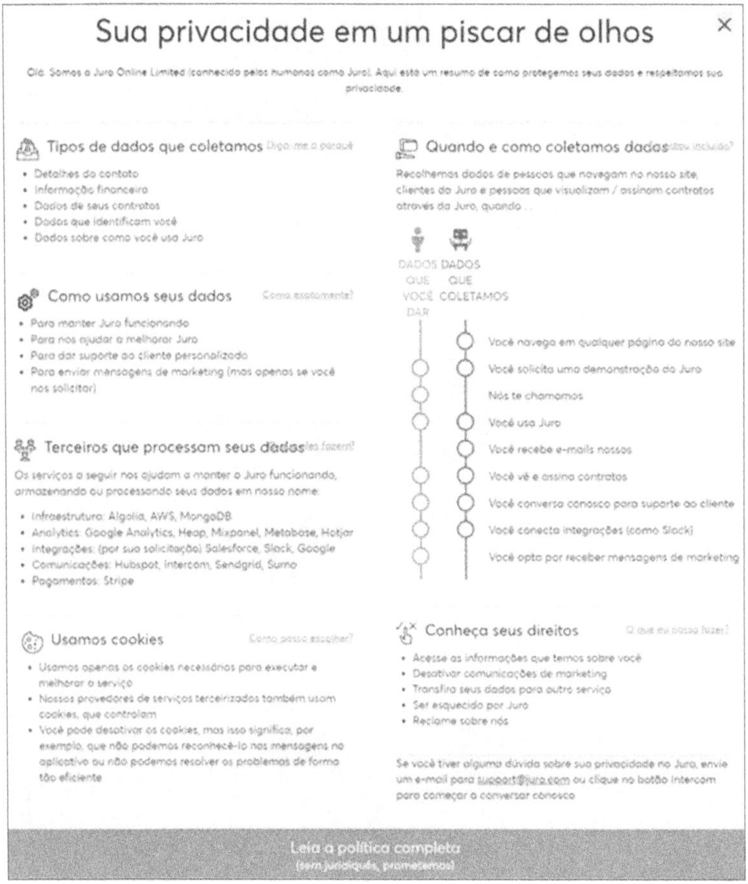

Fonte: tradução livre de original criado por Stefania Passera[1]

A mesma técnica foi utilizada nos termos e nas condições da Koin Administradora de Cartões e Meios de Pagamento no Brasil:

1 O modelo está disponível em: <www.stefaniapassera.com/portfolio/juro>. Acesso em: 18-10-2020.

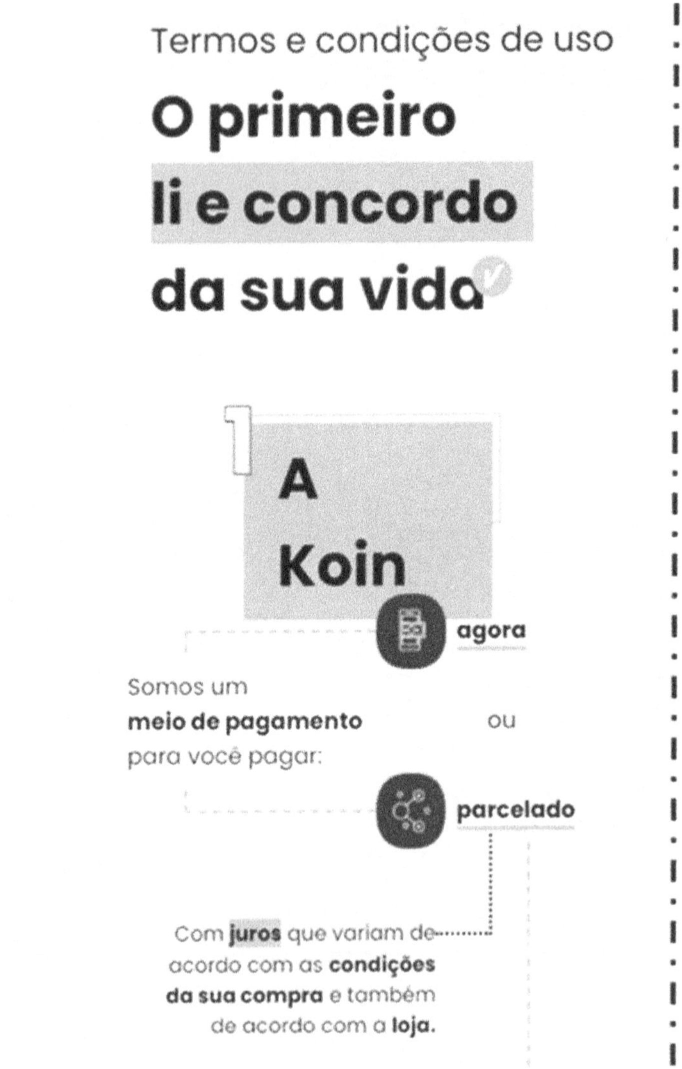

Fonte: Koin[2]

2 O modelo completo está disponível em: <www.termos.koin.com.br/termos-resumo>. Acesso em: 18-10-2020.

Por meio dessa técnica, as empresas apresentam versões resumidas da sua política de privacidade e oferecem a possibilidade de os leitores acessarem uma versão mais extensa do documento – para aqueles que desejarem se aprofundar. Ou seja, o *design* permite a interação do usuário.

A versão resumida apresenta apenas as informações essenciais para que o cliente possa entender o que está descrito no documento. Essa informação pode ser apresentada de diferentes formas, sendo que, no documento da Juro, ela é apresentada em formato de caixas, e, na Koin, em formato de fluxograma.

8.4.2. Sanfona

Stefania Passera adotou o *layout* de sanfona (acordeom) para apresentar informações mais detalhadas de uma cláusula da política de privacidade da Juro. Dessa maneira, ao chegar a uma cláusula, o usuário pode escolher abrir seus desdobramentos ou não. O recurso foi adotado, segundo Stefania, para evitar a fadiga e a confusão dos usuários, ao lerem documentos muito longos.

Fonte: Tradução livre de documento disponilizado por Stefania Passera[3]

3 O documento original está disponível em: <www.juro.com/policy.html>. Acesso em: 2-12-2020.

A análise de Stefania Passera é importante na construção dos documentos, pois muita informação pode prejudicar a tomada de decisão de um usuário. Em uma pesquisa realizada por Sheena Iyengar e Mark Lepper, na Universidade de Columbia, conhecida como "Estudo da Geleia", foi identificado que oferecer menos opções ao cliente faz com que ele esteja mais inclinado a comprar.

O estudo foi composto por duas fases (IYENGAR e LEPPER, 2000). Em um determinado dia, foram oferecidas 24 diferentes opções de geleia para os consumidores de um mercado. No dia seguinte, foram oferecidas apenas 6 opções diferentes do produto. Quando se tratava do momento de compra, aqueles que tinham apenas 6 opções oferecidas apresentaram 10 vezes mais chances de comprar uma geleia do que aqueles que tinham 24 opções à sua frente. O estudo foi aplicado também para estudantes escolherem tópicos para escrever um artigo e o resultado foi o mesmo: menos opções para escolha resultaram em melhores trabalhos e porcentagem de pessoas que concluíram a atividade. Assim, esse estudo passou a ser utilizado para desenhar as estratégias de tomada de decisão em diversos campos.

A leitura de um documento jurídico está intimamente ligada à tomada de uma decisão – a de entrar ou não naquela relação jurídica e, ainda quando possível, de negociar as cláusulas que não atendem às suas necessidades. Ou, ainda, pode ser a decisão em cima de alguns fatos que um juiz deve analisar. Assim, do ponto de vista de *legal design*, se documentos jurídicos influenciam a tomada de decisão, é importante que eles sejam claros e apresentem opções objetivas e restritas. Documentos que apresentam muitas informações ou opções, assim como ocorreu no estudo da geleia, podem levar a resultados negativos, pois prejudicam a tomada de decisão do usuário.

Apresentar os contratos em formato de termo de adesão já reduz a possibilidade de negociação de cláusulas, o que faz com que a tomada de decisão seja mais rápida. Essa pode ser uma estratégia a ser adotada em alguns casos em que o volume de contratos é significativo e a sua negociação pode levar à inviabilidade operacional. Em seguida, a utilização de versões menores ou resumidas, como as descritas acima, facilita ainda mais a tomada de decisão do usuário.

Quando analisamos o *layout* de sanfona criado por Stefania Passera, notamos que o efeito criado pela *legal designer* foi exatamente esse. As opções de informação, a princípio, são mais restritas, no entanto, quando o usuário opta por analisar a informação completa, ele possui essa opção:

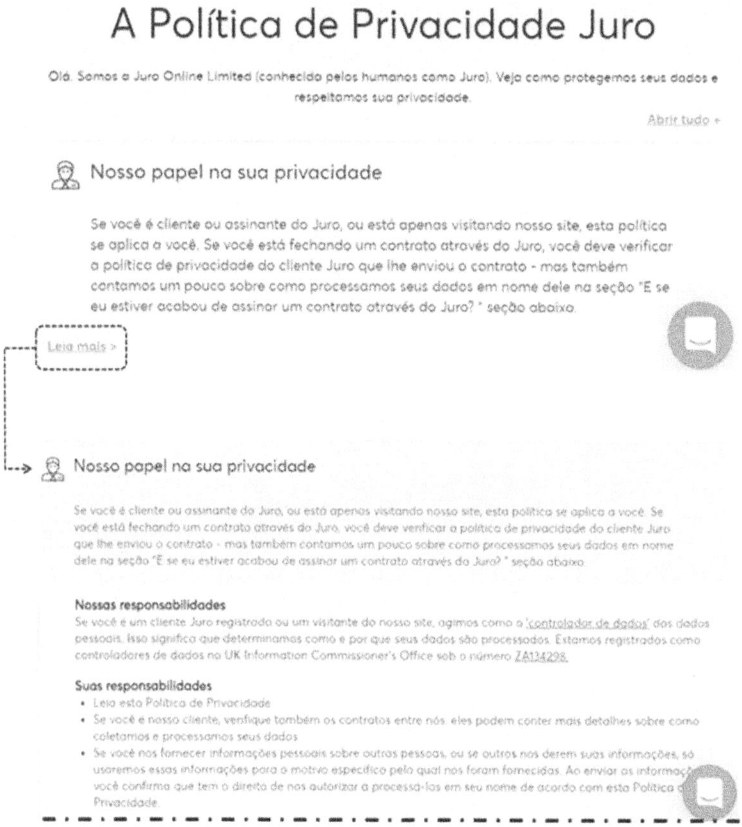

Fonte: tradução livre de original criado por Stefania Passera[4]

4 O modelo completo está disponível em: <www.juro.com/policy.html>. Acesso em 2-12-2020.

9. PRINCÍPIOS DE EXPERIÊNCIA DO USUÁRIO

Ao longo deste livro, falamos sobre a importância de considerar o usuário como centro da criação do produto jurídico, no caso, os documentos jurídicos a serem criados utilizando as técnicas de *legal design*. Se o *legal design* depende da utilidade dos recursos aplicados na formatação dos documentos jurídicos, é imprescindível pensar na experiência do usuário.

Segundo Don Norman, um dos maiores expoentes sobre o tema, a experiência do usuário abrange todos os aspectos da interação do usuário final com uma organização, seus serviços e seus produtos[1].

Para atingir uma boa experiência do usuário, não basta apenas incluir elementos que provavelmente podem ser interessantes a ele. É importante procurar entender como ele se comporta e o que ativa diferentes reações nele. Por essa razão, a área de experiência do usuário foca em pesquisas para tentar entender quais recursos podem, de alguma forma, influenciar seus comportamentos, ou como produtos e serviços podem conter funcionalidades que atendem a requisitos dos usuários. Assim, os pesquisadores de experiência do usuário costumam utilizar métodos diversos para descobrir problemas e oportunidades a serem explorados pelo *design*. Assim, os *legal designers* devem usar dados para tomar decisões sobre como será o *design* de determinado documento.

Pensando na experiência do usuário, existem alguns princípios a serem seguidos na criação dos documentos com as técnicas do *legal design*:

- **Crie o documento pensando nos seus usuários, não em si mesmo:** muitos se fixam em uma ideia por gostar dela ou por

---

1 Definição utilizada pela Nielsen Norman Group, disponível em: <www.nngroup.com/articles/definition-user-experience>. Acesso em: 14-10-2020.

considerar que aquela é a melhor, mas não necessariamente reflete o que o usuário quer. Muitas vezes, é apenas uma ideia fixa na cabeça do *legal designer*. Pense em como o usuário se sente confortável com o documento e crie um *design* que faça sentido para ele.

Veja como Robert De Rooy da Creative Contracts criou o que ele cunhou de *comic contracts* para uma empresa de cítricos na África do Sul. O público que utilizaria o documento, em grande parte das ocasiões, é o que sofre com o analfabetismo, mas, ainda assim, é obrigado a utilizar contratos. Como se já não bastasse a dificuldade da alfabetização, contratos costumam ter uma linguagem extremamente técnica e de difícil interpretação.

Por essa razão, Robert criou para a Clemen Gold um contrato que pudesse ser compreendido por meio de figuras. A ideia, com esse tipo de contrato que a Creative Contracts utiliza, é tentar eliminar o máximo de texto e substituí-lo por imagens em formato de quadrinho, tendo em vista o público no qual eles focam seus trabalhos.

Fonte: tradução livre do documento da Clemen Gold, elaborado pela Comic Contracts[2]

2 O exemplo está disponível em: <www.creative-contracts.com/clemengold/>. Acesso em: 14-10-2020.

Nas próprias palavras de Robert de Rooy, criador dos Comic Contracts, para explicar o objetivo de seu tipo de trabalho para este livro:

> A maioria das pessoas considera difícil a leitura e compreensão de um contrato. Imagine então as pessoas que possuem dificuldade para ler? Entre os trabalhadores agrícolas da África do Sul, a taxa de alfabetização é de 4 a cada 10 pessoas. Entre as mulheres no Afeganistão, é de 9 a cada 10 mulheres. Este não é apenas um problema do mundo em desenvolvimento. Na Holanda, 1,3 milhão de pessoas são analfabetas funcionais. Nos EUA, são 30 milhões[3]. Em todo o mundo, o analfabetismo é um fator importante no ciclo vicioso de vulnerabilidade, juntamente com a pobreza, o desemprego, a falta de moradia e a saúde precária.
>
> No fundo, todos nós somos vulneráveis, pois nossas habilidades de compreensão de texto diminuem conforme o avanço da nossa idade. Assim, se a tendência é o envelhecimento da população, o número de pessoas vulneráveis aos efeitos do analfabetismo funcional aumenta.
>
> Além disso, precisamos levar em consideração que somos todos analfabetos funcionais em todas as línguas, exceto aquela uma ou duas nas quais somos proficientes. Embora para muitos isso se torne inconveniente apenas no momento de viajar para o exterior, é uma dificuldade diária para milhões de pessoas no mundo hoje.
>
> Apesar dessas considerações, estamos acostumados a não perceber o analfabetismo porque as pessoas que sofrem com essa condição muitas vezes têm medo e vergonha de admitir essa situação e se expor. Os analfabetos costumam usar diversos mecanismos como assinar documentos sem lê-los ou simplesmente não contar a ninguém sobre sua condição. Infelizmente, esse medo ou vergonha os coloca em apuros porque eles passam a 'concordar' com termos que normalmente são extremamente onerosos e legalmente vinculantes. Isso se torna pior quando falamos de contratos de trabalho que beiram a exploração de mão de obra. Eles se tornam vulneráveis.
>
> Como muitas das pessoas que escrevem contratos são membros mais abastados da sociedade e existe essa dificuldade de percepção do problema, muitos não estão atentos a essa realidade e acabam perpetuando injustiças. Em primeiro lugar, ao redigir contratos, muitos estão mais preocupados com o que outros advogados pensarão de suas habilidades de

3 Os valores mencionados nesse trecho não foram verificados por serem uma manifestação do próprio Robert De Rooy para este livro e devem ser interpretados como um reforço do argumento em questão. Robert é da África do Sul.

redação do que com as pessoas a que se destinam. Em segundo lugar, pelo fato de os sistemas jurídicos serem criados pelos membros mais poderosos da sociedade, existe uma falsa suposição de que o adulto que assinou um contrato leu e entendeu tudo. Ainda por cima, pressupõe-se que esse documento deve manter essa pessoa vinculada aos termos descritos, independentemente da complexidade da linguagem utilizada e de os termos serem justos para ambas as partes.

Essa falta de consciência das barreiras enfrentadas pelas pessoas vulneráveis em nossa sociedade (os pobres, os analfabetos e os deslocados, a maioria dos quais são mulheres) faz com que haja uma contribuição para a manutenção do ciclo vicioso da vulnerabilidade. Quando e onde o problema é reconhecido, a solução oferecida geralmente consiste em sobrecarregar a pessoa vulnerável com o aprendizado da leitura ou dizer-lhe que peça ajuda a alguém.

Por exemplo, na Lei das Condições Básicas de Trabalho da África do Sul, Seção 29 (3), se um funcionário não for capaz de compreender os dados escritos, o empregador deve garantir que eles sejam explicados em um idioma e de uma maneira que o funcionário entenda.

Parece bom, mas não é como se essas pessoas tivessem o luxo de mandar um contrato por e-mail para seu advogado para saber se é seguro assiná-lo. Ao contrário, o que estamos dizendo à pessoa vulnerável é que primeiro você deve expor seu analfabetismo ao seu empregador e, em seguida, deve confiar nele para explicar de maneira gentil, correta e completa todos os seus direitos para que você assine um documento que pode ou não conter aquilo que acabou de ser explicado a você.

Foi esse contexto, uma realidade para milhões de pessoas na África do Sul, que nos inspirou a tentar criar contratos mais fáceis de entender. Para nós, a chave da resposta está nos quadrinhos. Aquela combinação de imagens e histórias que prendiam nossa atenção quando ainda estávamos encontrando nosso caminho nos borrões de texto.

As imagens são poderosas porque uma ideia complexa pode ser transmitida com apenas uma única imagem estática e podemos absorver grandes quantidades de dados rapidamente por meio dela. Histórias criam conexões melhor do que descrições factuais e são muito mais fáceis de lembrar. Além disso, as imagens são uma linguagem universal, uma forma de compreensão que limita os riscos da tradução para uma língua.

O cérebro humano processa imagens mais rápido do que textos e seguimos melhor as instruções com ilustrações do que com textos. Não é por outra razão que os encartes com instruções de segurança de companhias aéreas contam com imagens para nos mostrar como sair de um avião em uma eventual emergência, por exemplo.

Assim, seguindo estudos acadêmicos de pessoas que exploraram as ideias de proatividade contratual e o uso de recursos visuais no Direito, pesquisamos e experimentamos criar contratos em que as imagens transmitem a informação e, a partir disso, desenvolvemos e implementamos o primeiro contrato do mundo no formato de história em quadrinhos em maio de 2016.

O modelo de contrato apresentado foi assinado por 250 agricultores sazonais em uma fazenda de frutas cítricas de uma empresa chamada Clemen Gold, na África do Sul. Definimos o contrato no formato de história em quadrinhos como um contrato legalmente vinculativo, utilizando imagens como escrita enquanto as partes do documento foram representadas como personagens da história. Os termos do contrato são traduzidos em imagens que as partes assinaram como um contrato.

O maior receio era que os trabalhadores se sentissem inferiorizados com esse tipo de abordagem ou nos vissem como condescendentes. Em vez disso, os trabalhadores ficaram encantados, se comprometeram com o contrato e se sentiram confiantes para fazer perguntas. Quando entrevistados, os trabalhadores afirmaram preferir as imagens em vez do texto. Informaram ainda que se trata do mesmo tipo de técnica utilizada nas revistas e jornais que gostam de ler.

Os produtores rurais relataram ainda que, com o uso de contratos em quadrinhos, o tempo de treinamento inicial dos coletores de laranja diminuiu de três horas para 45 minutos. Desde então, desenvolvemos contratos para escolas com o objetivo de proporcionar aos pais uma melhor compreensão sobre como se envolverem na educação de seus filhos, para instituições médicas obterem consentimento dos pacientes, para companhias de seguros explicarem seus produtos, para financiadores que fornecem fundos para pessoas vulneráveis e analfabetas, dentre outros.

Nossa experiência mostra que disponibilizar informações para pessoas vulneráveis e analfabetas de uma forma clara e compreensível não significa apenas tornar as informações mais fáceis de entender, mas também honrar a dignidade das pessoas. Trata-se de mostrar às pessoas vulneráveis que é importante que entendam o que se espera delas e o que podem esperar em termos de suas obrigações e direitos.

É importante que elas não se sintam constrangidas e que tenham o poder de saber como decidir e agir com confiança. Afinal, a dignidade é afirmada na primeira linha da Declaração Universal dos Direitos Humanos: 'o reconhecimento da dignidade inerente e ter os direitos iguais e inalienáveis de todos os membros da família humana é o fundamento da liberdade, justiça e paz no mundo'. É também o valor central das constituições modernas, como as da Alemanha, Irlanda, Israel, África do Sul e muitos outros países.

No entanto, é um conceito difícil de definir porque essa palavra tem muitos significados diferentes. Minha definição preferida de dignidade é a de Louis Ackerman como: 'aquilo que aciona nossa consciência, quando olhamos nos olhos de uma pessoa cuja dignidade está sendo abusada'. Isso significa que cada vez que uma empresa fornece informações a uma pessoa vulnerável de uma forma que ela não pode razoavelmente entendê-la, sua capacidade de viver uma vida autônoma e responsável, bem como sua dignidade, estão sendo violadas.

As coisas não precisam ser assim. Se as empresas estivessem dispostas a gastar apenas uma pequena porcentagem dos honorários de seus advogados ou dos seus orçamentos de *marketing* para tornar as informações mais envolventes e fáceis de entender, elas aliviariam a opressão institucional de pessoas vulneráveis.

Essa atitude fortaleceria a capacidade desses indivíduos viverem vidas autônomas e responsáveis. Ao longo da história percebemos que a dignidade de uma pessoa com deficiência exige nosso investimento para tornar as instalações, bens e serviços acessíveis a ela. Tornar as informações acessíveis às pessoas vulneráveis e analfabetas deve ser tão importante quanto possibilitar acessibilidade a pessoas com deficiências, de forma a permitir que todos vivam suas vidas com dignidade.

- **Dose o conteúdo:** conteúdos muito longos são difíceis de ler e atrapalham o entendimento. Por isso, procure usar recursos que deem uma pausa na leitura, facilitem a compreensão e não cansem o usuário. Quebrar o texto em pequenas seções, utilizar espaços em branco e um espaçamento maior do texto podem facilitar a interação do usuário com seu documento. É comum, em textos, utilizar uma técnica denominada *chunking* (quebra em pedaços). A técnica consiste em criar pequenos trechos de texto separados, em vez de pedaços de texto muito longos. Isso facilita a leitura do usuário e o cansa menos (MORAN, 2016).
- **Seja claro, elimine ambiguidades:** pense em todas as formas pelas quais o usuário pode interpretar a informação que

você está passando. Sua tarefa é eliminar qualquer erro de interpretação ou ambiguidade. Textos com uma linguagem difícil de ler apenas aumentam as chances de confusão.

Justamente para evitar qualquer perigo de ambiguidade, no modelo de cláusula abaixo, foi utilizado o texto acompanhado do fluxograma. Caso fosse apenas o fluxograma, haveria o risco de interpretação errônea da cláusula do contrato:

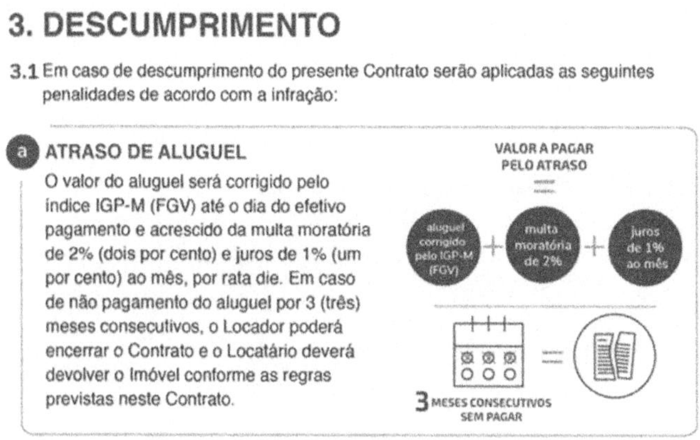

3. DESCUMPRIMENTO

3.1 Em caso de descumprimento do presente Contrato serão aplicadas as seguintes penalidades de acordo com a infração:

a ATRASO DE ALUGUEL

O valor do aluguel será corrigido pelo índice IGP-M (FGV) até o dia do efetivo pagamento e acrescido da multa moratória de 2% (dois por cento) e juros de 1% (um por cento) ao mês, por rata die. Em caso de não pagamento do aluguel por 3 (três) meses consecutivos, o Locador poderá encerrar o Contrato e o Locatário deverá devolver o Imóvel conforme as regras previstas neste Contrato.

Fonte: elaboração própria

- **Utilize elementos familiares e de entendimento universal:** quando for usar recursos visuais, busque utilizar os que sejam conhecidos e os seus significados sejam compartilhados com todos. Usar ícones, por exemplo, apenas porque são bonitos não significa que vai ser de fácil entendimento.

Opte por símbolos universalmente aceitos e entendidos. Isso porque os símbolos auxiliam na associação do tema ao texto, de forma a facilitar a leitura. Esse processo estimula o reconhecimento ou a lembrança da pessoa ao analisar um texto e facilita a sua interpretação.

Note, no exemplo abaixo, como poderia ser exposta uma informação no formato de linha do tempo. Apesar de parecer clara, a princípio, pode gerar dúvidas e interpretação ambígua. Não é interessante deixar essa margem para questionamentos quando se trata de *legal design*:

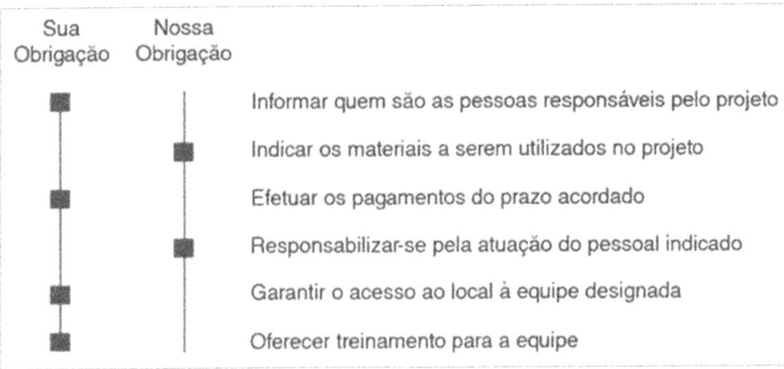

Fonte: elaboração própria

Por essa razão, opte sempre por utilizar recursos visuais que sejam familiares a todos, universalmente aceitos. Afinal você nunca sabe quem serão os seus usuários. Note que, no exemplo abaixo, colocamos os símbolos "X" e "V":

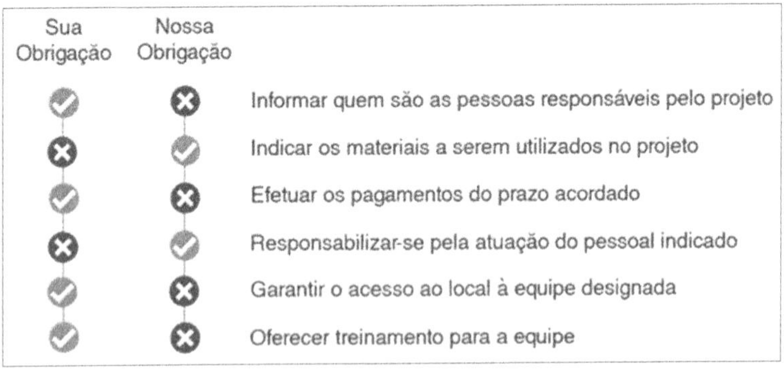

Fonte: elaboração própria

- **Garanta a legibilidade:** utilizar caixa alta, itálico, negrito, fontes pequenas ou cores no fundo do texto pode prejudicar a legibilidade. Garanta que o leitor consiga ler o que você escreveu.

Fonte: elaboração própria

- **Seja intuitivo:** não dificulte a leitura ou a interpretação dos documentos que você cria. Faça com que a leitura e o entendimento sejam intuitivos e facilmente assimilados. Quanto menos o usuário tiver que parar para refletir ou pensar sobre uma determinada questão, melhor, pois ele está entendendo a mensagem de forma intuitiva.
- **Reduza a carga cognitiva do seu usuário:** simplifique a tarefa do usuário do documento que você planeja criar e foque nos pontos centrais que aquele documento deve trazer. Caso esse documento necessite de uma ação posterior do usuário, foque nessa ação principal que ele deverá fazer a partir daquele documento – crie um roteiro claro do que deverá ser feito, crie um texto que induza esse comportamento e ofereça a ele um documento mais claro, sem poluições ou distrações com texto, cores ou elementos visuais exagerados.

Fonte: elaboração própria

- **Mantenha um padrão:** um documento precisa ter um padrão, principalmente se você está criando-o utilizando as técnicas de *legal design*. Mantenha as cores, iconografia, *layout* e outros elementos para garantir a uniformidade do documento. Por exemplo, ao longo de um documento, você pode repetir alguns ícones que têm um mesmo significado e o usuário aprenderá a reconhecer aquele ícone, o que facilita a assimilação do conteúdo. Lembre-se também de sempre solicitar o manual da marca do seu cliente para a elaboração do trabalho. Esse documento já contém grande parte da uniformização necessária para o seu projeto, indicando cores, forma de uso do logotipo, e, por vezes, pode até conter ícones e outros elementos que auxiliam na padronização do documento.

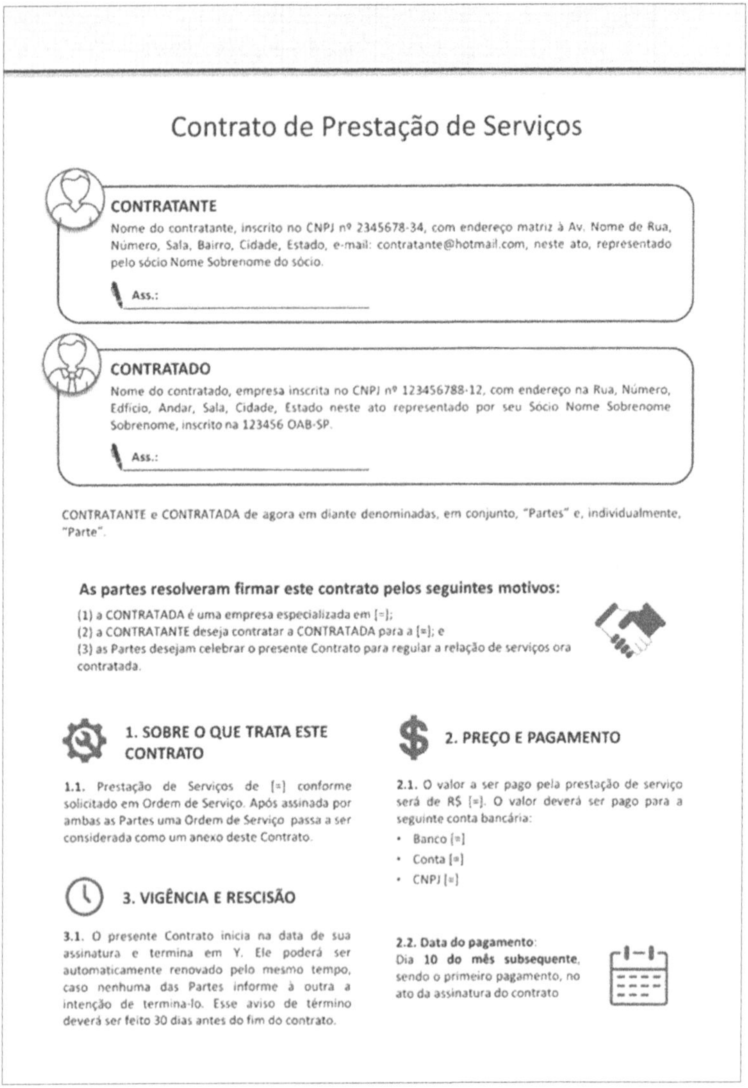

Contrato de Prestação de Serviços

CONTRATANTE

Nome do contratante, inscrito no CNPJ nº 2345678-34, com endereço matriz à Av. Nome de Rua, Número, Sala, Bairro, Cidade, Estado, e-mail: contratante@hotmail.com, neste ato, representado pelo sócio Nome Sobrenome do sócio.

Ass.: ______________________________

CONTRATADO

Nome do contratado, empresa inscrita no CNPJ nº 123456788-12, com endereço na Rua, Número, Edfício, Andar, Sala, Cidade, Estado neste ato representado por seu Sócio Nome Sobrenome Sobrenome, inscrito na 123456 OAB-SP.

Ass.: ______________________________

CONTRATANTE e CONTRATADA de agora em diante denominadas, em conjunto, "Partes" e, individualmente, "Parte".

As partes resolveram firmar este contrato pelos seguintes motivos:

(1) a CONTRATADA é uma empresa especializada em [=];
(2) a CONTRATANTE deseja contratar a CONTRATADA para a [=]; e
(3) as Partes desejam celebrar o presente Contrato para regular a relação de serviços ora contratada.

1. SOBRE O QUE TRATA ESTE CONTRATO

1.1. Prestação de Serviços de [=] conforme solicitado em Ordem de Serviço. Após assinada por ambas as Partes uma Ordem de Serviço passa a ser considerada como um anexo deste Contrato.

3. VIGÊNCIA E RESCISÃO

3.1. O presente Contrato inicia na data de sua assinatura e termina em Y. Ele poderá ser automaticamente renovado pelo mesmo tempo, caso nenhuma das Partes informe à outra a intenção de termina-lo. Esse aviso de término deverá ser feito 30 dias antes do fim do contrato.

2. PREÇO E PAGAMENTO

2.1. O valor a ser pago pela prestação de serviço será de R$ [=]. O valor deverá ser pago para a seguinte conta bancária:

- Banco [=]
- Conta [=]
- CNPJ [=]

2.2. Data do pagamento:
Dia **10 do mês subsequente**, sendo o primeiro pagamento, no ato da assinatura do contrato

Fonte: elaboração própria

- **Preveja o comportamento do usuário:** ao entender como o usuário age, você conseguirá utilizar o *design* para auxiliá-lo ou orientá-lo para certas ações. Pense em como certos recursos podem auxiliar ou dificultar a vida do usuário e procure criar uma boa experiência para ele.

Ao seguir essas recomendações, seus documentos jurídicos estarão focados na experiência do usuário e terão, provavelmente, um resultado melhor com ele. Da mesma forma, é possível utilizar alguns desses recursos para orientar certas decisões ou comportamentos do usuário de documentos jurídicos.

10. O COMPORTAMENTO DO USUÁRIO

No momento em que você for elaborar os documentos pensando em aplicar as técnicas de *legal design*, o comportamento do usuário é um fator essencial na construção dos modelos.

É importante criar *designs* intuitivos, de fácil aprendizado para o usuário, para que ele saiba se orientar em um documento sem a necessidade de auxílio, diferentemente do que ocorre na maioria dos serviços e documentos jurídicos.

O *design* intuitivo é aquele que é facilmente compreendido pelo usuário – se formos pensar nos documentos jurídicos, isso significa desde a linguagem até a identificação do local em que ele pode encontrar as informações que necessita. Por essa razão, é tão importante fazer análises e pesquisas sobre como os usuários utilizam os documentos que você produz – dessa forma você terá a validação sobre os *designs* que tem criado. Apenas dessa maneira você poderá verificar se os objetivos que queria atingir com os *designs* realmente foram atingidos.

Se a proposta do *legal design* é utilizar elementos de experiência do usuário e pensar em como o *design* pode interferir no seu uso dos documentos, a análise do comportamento do usuário passa a ser um fator fundamental.

Dentro dessa lógica, alguns estudos já demonstraram que o *design* pode influenciar em como as pessoas tomam decisões e o que elas fazem. Assim, surgiram os *nudges*, que, ao traduzirmos do inglês, significa "cutucar" ou "empurrar". Sendo assim, é possível estabelecer estratégias de "arquitetura de escolha", modificando a forma de apresentação das opções de uma determinada escolha aos indivíduos para criar ações mais assertivas.

A ideia é que os indivíduos tenham liberdade de escolha, ao mesmo tempo em que os *nudges* melhoram os resultados sociais ao fornecerem condições que levam a escolhas socialmente úteis.

Essa lógica de arquitetura da escolha já era inclusive explorada por alguns autores de Direito e Economia (*Law and Economics*), por meio do que chamam de "incentivos"[1]. Os denominados contratos baseados em performance (em inglês, *performance based contracts*) criam incentivos positivos ou negativos ao longo do contrato, para orientar os resultados da ação de cada parte. Isso é feito por meio da vinculação de pelo menos parte do pagamento, ou imposição de multas, com base na qualidade ou nos resultados decorrentes da execução do objeto de um contrato[2].

Isso é comum, por exemplo, em contratos de construção, em que o construtor é bonificado caso termine a obra dentro de determinado prazo, ou quando a ele é confiado um orçamento e, caso ele fique abaixo daquele orçamento, tem o direito de receber uma parte da economia realizada.

Pensando nesses *nudges*, existem formas de criar documentos jurídicos de uma maneira que influencia a arquitetura da escolha das pessoas, ou cria incentivos para que elas ajam de determinadas maneiras.

Logicamente, existe uma importante questão ética que deve ser discutida em relação aos *nudges*: ao buscar orientar a decisão das pessoas, eles podem ser considerados imorais ou antiéticos? *Nudges* são criados com um objetivo claro, mas não significa que aquele objetivo será, de fato, alcançado. Além disso, um *nudge* somente pode ser considerado como tal se ele preserva a escolha do usuário – isso significa que deve oferecer a liberdade do usuário escolher seguir por outro caminho.

O que um *nudge* faz é apenas facilitar ou incentivar a escolha do usuário por um determinado caminho, preservando a liberdade de escolha (SUNSTEIN, 2014). Cabe ao *legal designer* manter a transparência e ética na construção de seus modelos.

---

1 O livro *Direito e Economia*, dos autores Robert Cooter e Thomas Ulen, é um exemplo.

2 O modelo proposto por Andrew Jacopino está disponível em: <www.journal.iaccm.com/contracting-excellence-journal/how-to-nudge-a-performance-based-contract-pbc-into-real-results-not-just-a-paper-trail>. Acesso em: 29-10-2020.

Agora, se considerarmos as peças processuais como instrumentos que têm como objetivo persuadir os juízes para decidir em favor de determinado argumento, os *nudges* são recursos essenciais na estratégia de um advogado. Nesse sentido, o uso das técnicas de *legal design* pode ser um recurso importante na construção das peças processuais. A escolha da linguagem, bem como de cores, recursos textuais (fonte, negrito, tamanho), ícones, linha do tempo, dentre outros, pode servir para convencer um juiz sobre determinado argumento.

Cass Sunstein, um dos principais expoentes sobre *nudges*, elenca alguns que considera importantes (SUNSTEIN, 2014) e que podem servir de inspiração também para os *legal designers*:

a) **Regras padrão:** a escolha automática e a necessidade de optar por não participar fazem com que a maioria das pessoas mantenha uma escolha padrão, automática, que lhe é apresentada. Uma pesquisa foi conduzida para analisar como as pessoas optam ou não por doar órgãos, em diferentes países, de acordo com as leis de cada um. Embora pesquisas mostrem que 85% dos americanos aprovam a doação de órgãos, menos da metade tomou uma decisão sobre a doação, e apenas 28% assinou um cartão de doador. Na política pública, existe um padrão em que uma ação é imposta quando um indivíduo deixa de tomar uma decisão. Tomar uma decisão, muitas vezes, envolve algum grau de esforço, enquanto aceitar o padrão é mais fácil. Assim, se a ação é não doar órgãos, quando essa é a opção padrão, menos órgãos são doados. Nos países em que as pessoas são obrigadas a informar que desejam doar órgãos, em contraste com os países em que as pessoas são obrigadas a informar que não desejam doar órgãos, as taxas de doação são diferentes. Os Estados Unidos praticam uma política de registro de doadores de órgãos denominada *opt-in*. Um indivíduo se registra voluntariamente para se tornar um doador no futuro, se desejar. Certos países europeus, incluindo Espanha, Portugal e França, praticam um sistema de *opt-out*, em que todo cidadão é considerado um doador, a menos que diga especificamente que não o deseja. O resultado da doação de órgãos nos países fica claro a partir do gráfico abaixo: países em que a opção padrão é a doação têm maior número de doações. Segundo a pesquisa, há um aumento de 16% na doação de órgãos, quando a doação é a escolha padrão (JOHNSON e GOLDSTEIN, 2003).

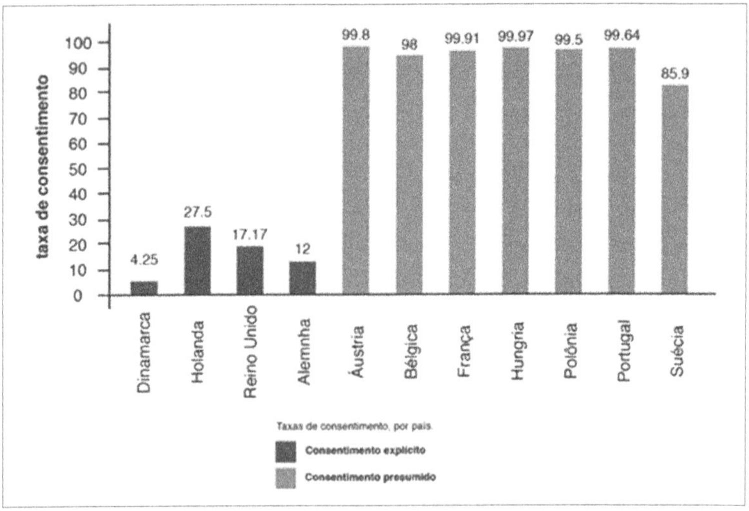

Fonte: JOHNSON e GOLDSTEIN, 2003

b) **Simplificação:** em muitos casos, a complexidade prejudica bons resultados. Para manter o mesmo exemplo, no caso de doação de órgãos, o fato de um indivíduo ter que ir até um local preencher formulários e solicitar um cartão de doação de órgãos prejudica uma adesão maior das pessoas, nos países em que a opção padrão é por não doar. No caso do governo britânico, um teste foi realizado para tentar coletar impostos atrasados, por meio do envio de dois tipos de documentos: o documento mais simples teve um retorno 14% superior do que o modelo tradicional (BEHAVIOURAL INSIGHTS TEAM, 2012).

c) **Regra social:** ressaltar a regra social vigente pode auxiliar as pessoas a cumprirem certas obrigações. Em 2012, o Behavioural Insights Team (BIT), uma organização ligada ao governo britânico, fez pequenas mudanças nas cartas de advertência enviadas aos contribuintes que estavam atrasados no pagamento do imposto de renda. As mudanças resultaram no pagamento de 4,9 milhões de libras, em uma amostra de quase 120.000 contribuintes inadimplentes, que não teriam sido arrecadados sem a intervenção. A mensagem mais eficaz dizia: "Nove em cada dez pessoas no Reino Unido pagam seus impostos em dia.

Você atualmente é uma minoria muito pequena de pessoas que ainda não nos pagaram" (CALVO-GONZÁLEZ, CRUZ e HERNANDEZ, 2018). Assim, os especialistas em ciências comportamentais conseguiram mostrar que dizer às pessoas o que a maioria das pessoas faz, especialmente quando se trata de comportamento positivo, é uma boa técnica para induzir o comportamento dos demais. O teste foi refeito na Guatemala e o resultado foi um aumento de quatro vezes na arrecadação dos inadimplentes, em comparação com o uso de mensagens padrão (KETTLE *et al*, 2016).

d) **Aumento de facilidades e conveniência:** se determinada opção é mais fácil em relação à outra, é mais provável que as pessoas optem pela mais conveniente. Novamente, o caso apresentado sobre a doação de órgãos exemplifica este ponto: se a escolha para doar órgãos é mais fácil, os estudos indicam que há um aumento na escolha pela opção mais fácil.

e) **Avisos:** fontes grandes, letras em negrito e cores chamativas despertam a atenção das pessoas. Os avisos também podem ser acompanhados do passo a passo a ser tomado em relação ao risco para aumentar o grau de conformidade das pessoas a evitar determinado risco. Isso pode ser especialmente interessante nos casos de criação dos Relatórios de Impacto à Proteção de Dados, por exemplo, na Lei Geral de Proteção de Dados.

f) **Pré-compromissos:** forçar um usuário a assumir um pré-compromisso a longo prazo é uma maneira de incentivá-lo a uma determinada conduta durante um determinado período e a cumprir outras obrigações menores ao longo desse período. Programas aos quais as pessoas aderem para assumir determinados compromissos têm esse efeito – por exemplo, programas de empresas que se comprometem com autorregulação de um setor.

g) **Lembretes:** o uso de recursos como e-mails ou mensagens de texto para indicar próximas obrigações ou compromissos pode servir como um bom exemplo. Em boa parte das ocasiões, uma pessoa deixa de pagar a parcela de um contrato por desatenção, portanto, não é uma conduta intencional. Por isso, aliar a prática contratual com mecanismos posteriores de gestão das obrigações assumidas pelas partes ou de gestão do contrato pode ser um meio eficaz para promover o cumprimento das obrigações.

A pesquisa realizada pelo Behavioural Insights Team e mencionada anteriormente identificou que o fato de enviar uma cobrança com o nome da pessoa já aumentava significativamente o pagamento das dívidas, em comparação com os modelos tradicionais de cobrança. Outros modelos de cobrança também foram utilizados e apresentaram resultados melhores do que o modelo tradicional (BEHAVIOURAL INSIGHTS TEAM, 2012).

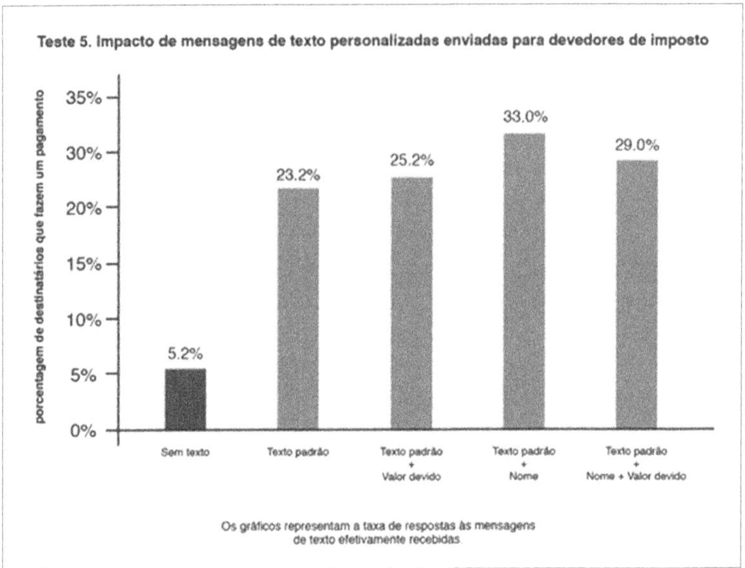

Fonte: Behavioural Insights Team, 2012

h) **Evocando intenções:** evocar intenções das pessoas faz com que elas estejam mais propensas a tomar uma ação. Por exemplo, no caso de cobrança referente a uma obrigação contratual, poderia ser uma mensagem como: "você está planejando pagar a mensalidade?".

Portanto, *nudges* podem ser usados e já são utilizados em alguns documentos jurídicos. Inclusive, já foram pesquisados em alguns casos empíricos como os descritos, e também em casos como os que descreveremos a seguir.

10.1. Adimplemento de obrigações e boa-fé objetiva pré-contratual

Estudos científicos sugerem que a realocação do campo de assinatura do fim para o começo do documento seria capaz de resultar em um maior adimplemento das obrigações assumidas (SHU *et al*, 2012). Isso foi verificado em relatórios exigidos pelas autoridades e seguradoras, os quais são um documento legal ou até mesmo parte de um contrato. Assim, podemos transportar a mesma lógica para um contrato.

Portanto, em um contrato, o fato de uma pessoa já assinar no início do documento poderia implicar inconscientemente em um senso maior de obrigação e cuidado com sua reputação, pois a parte que o assina está assumindo uma espécie de "juramento". Isso é importante no campo jurídico, pois as partes devem zelar pela boa-fé antes, durante e após um contrato. Isso significa que, ao firmar um contrato, uma pessoa não pode se valer da assimetria informacional (ou seja, uma pessoa não pode utilizar uma informação que só ela possui e a outra não) para obter uma vantagem em cima da parte contrária. A lógica de um contrato é que ambos saibam as premissas do acordo que estão prestes a celebrar – inclusive, por essa razão é que se criam as cláusulas chamadas de "considerandos" e se faz *due diligence*, em alguns casos, antes de assinar um contrato. As partes querem firmar as premissas sobre as quais estão fazendo um negócio.

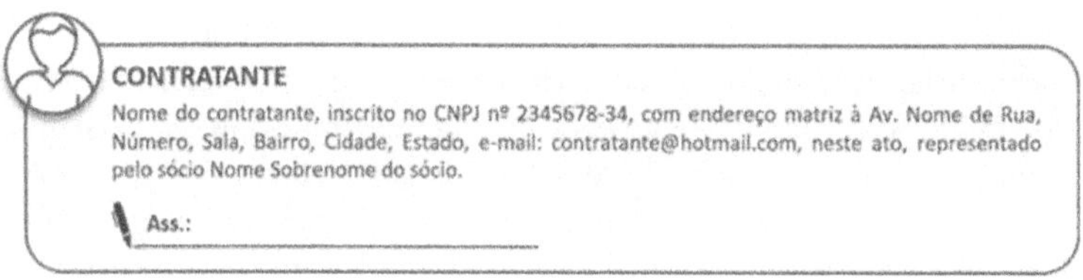
CONTRATANTE

Nome do contratante, inscrito no CNPJ nº 2345678-34, com endereço matriz à Av. Nome de Rua, Número, Sala, Bairro, Cidade, Estado, e-mail: contratante@hotmail.com, neste ato, representado pelo sócio Nome Sobrenome do sócio.

Ass.: ______________________

Fonte: elaboração própria

Sobre o efeito da assinatura no início do contrato ou no fim dele, como sempre foi feito, basta pensar nos filmes americanos que retratam um julgamento em um tribunal. Nos filmes, é comum vermos que uma pessoa jura dizer a verdade e somente a verdade enquanto coloca a mão sobre uma Bíblia. Ela jura falar a verdade em que momento? Antes ou depois de interrogada? O juramento feito em julgamentos é sempre realizado antes do depoimento. O efeito é o mesmo nos contratos, de acordo com a lógica proposta pela pesquisa publicada por Lisa L. Shu *et al*, no Proceedings of the National Academy of Sciences (PNAS, 2012).

Ao analisar dois casos específicos, o de declaração do imposto de renda e o de declaração de uso de veículos em seguradoras, os pesquisadores identificaram que a assinatura no começo do documento pode ter repercussões importantes na ética das pessoas perante um documento. No próprio estudo, eles resumem a ideia: "propomos que uma simples alteração do local da assinatura possa levar a melhorias significativas no cumprimento de obrigações".

Segundo a pesquisa, o campo de assinatura em um documento chama a atenção da pessoa para si mesma. Isso leva à autopercepção. Diante desse efeito de autopercepção, quando uma pessoa nota um campo de assinatura com seu nome, assinar antes de uma declaração ou assumir uma obrigação faz com que a moralidade seja acessada mais cedo do que apenas ao fim da leitura de um documento. Portanto, isso, inclusive, contribuiria para a construção da boa-fé objetiva nos contratos. Entendemos como boa-fé objetiva a necessidade de as partes manterem um determinado padrão ético de conduta nas relações obrigacionais.

Essas conclusões foram tiradas a partir do comportamento das pessoas, ao responderem a questionários que simulavam situações em que as pessoas deveriam declarar informações para o imposto de renda e seguros. Segundo o estudo, a diferença fiscal anual entre impostos declarados e efetivamente devidos nos Estados Unidos é de aproximadamente US$ 345 bilhões. A Receita Federal americana estima que mais da metade desse valor se deve a indivíduos que deturpam os valores das suas receitas e deduções nas autodeclarações. A área de seguros é outro domínio onerado por comportamentos desonestos. Estima-se que os valores relacionados a fraudes em seguros nos Estados Unidos totalizaram US$ 80 bilhões, em 2006. Por conta dessa situação, o estudo focou em documentos desses dois setores para realizar a pesquisa.

O resultado foi que os respondentes que assinaram no início dos documentos, em ambas as pesquisas, foram mais honestos nas suas declarações, em comparação com aqueles que assinaram no fim dos documentos.

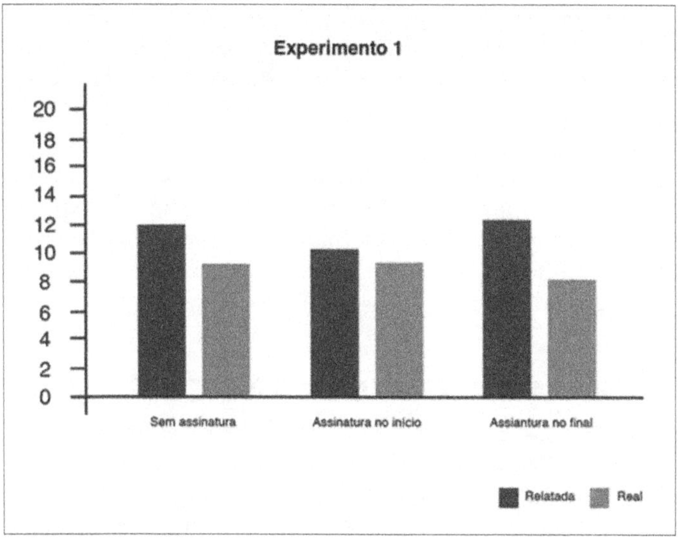

Fonte: PNAS, 2012

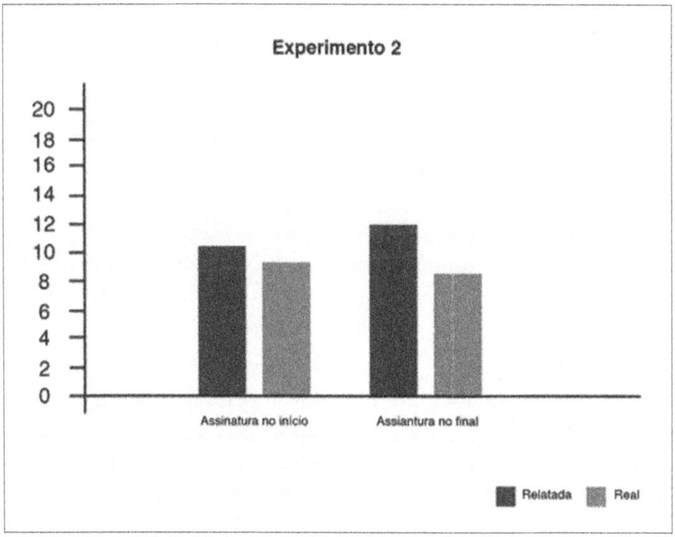

Fonte: PNAS, 2012

Na pesquisa realizada em relação ao mercado de seguros, o padrão se manteve. No mercado norte-americano, para que uma nova apólice de seguro de carro seja emitida, o cliente deve informar à seguradora a quilometragem exata do hodômetro dos carros segurados sob sua apólice. Na pesquisa realizada, foi utilizado o mesmo documento para o grupo de entrevistados, alterando apenas o local do campo de assinatura (no começo ou no fim do documento). Os documentos em que os clientes assinaram no início do formulário levaram a um aumento de 10,25% nas milhas calculadas, quando comparados com os documentos em que o campo de assinatura foi colocado no fim.

10.2. Ícones e imagens atraem a atenção das pessoas para determinadas regiões de um texto

Em uma pesquisa conduzida na Inglaterra para os Correios, em 2010, pesquisadores identificaram que o padrão de leitura dos usuários sobre os documentos é alterado por conta da inserção de imagens, o que aumenta a atenção deles sobre determinadas áreas de leitura de um texto.

Em tal pesquisa, foi utilizada uma ferramenta de rastreamento ocular (um *software* que verifica como o olho lê o documento), denominada "Eyetracker". O *software* gera, ao fim, um mapa de calor por trás do documento para analisar a interação com o documento, a partir do qual é possível entender alguns padrões de comportamento do usuário em relação a alguns recursos de *design* aplicados no documento.

Na imagem abaixo, é possível verificar o padrão de comportamento do usuário ao longo do documento por meio do mapa de calor. A imagem sugere que as pessoas geralmente se concentram em títulos, caixas e imagens, enquanto o texto detalhado é frequentemente ignorado.

Essa pesquisa também indicou que as primeiras páginas das cartas recebem mais atenção do que as páginas finais, e que as pessoas são mais propensas a perceber ações necessárias se forem colocadas à direita da página, acima ou do lado do título, ou quando estiverem com uma cor diferente (BEHAVIOURAL INSIGHTS TEAM, 2012).

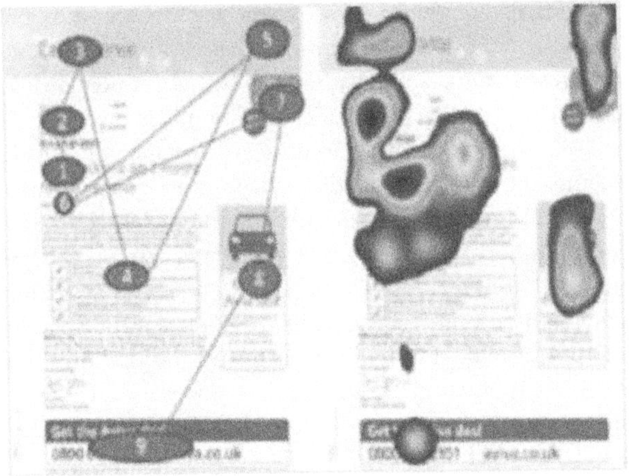

Fonte: BEHAVIOURAL INSIGHTS TEAM, 2012

10.3. A maior parte das pessoas costuma clicar do lado direito de uma tela

Durante uma pesquisa realizada em fevereiro de 2019 por um dos autores deste livro, as 1.156 visualizações realizadas por usuários que acessaram um documento disponibilizado gratuitamente nas redes sociais demonstraram também um padrão de interação em um botão do documento que solicitava o clique dos usuários. O padrão de interação dos usuários com o botão que foi colocado de forma centralizada na página e ocupando quase toda sua extensão horizontal revelou que os usuários clicam, em sua maioria, no canto direito da página:

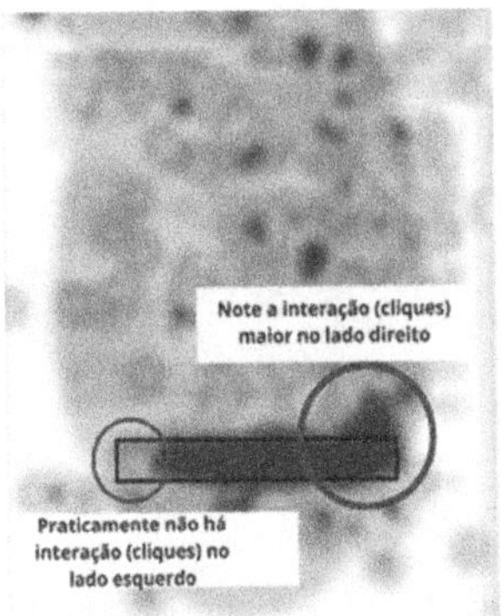

Fonte: elaboração própria

Dessa forma, qualquer pessoa que crie documentos para serem visualizados em dispositivos eletrônicos (*tablets*, computadores, celulares etc.) deve prestar atenção ao padrão de comportamento dos usuários desses dispositivos. Afinal, se o padrão de interação de um usuário for o clique no lado direito de um botão de aceite (*opt in*), como os resultados do teste acima indicam, faz sentido utilizar esse lugar para incentivar os usuários a aceitar as condições de um documento. Colocar o botão de aceite em qualquer outro local, teoricamente, aumenta o esforço do usuário em aceitar os termos de um contrato e, por isso, cria mais atritos para a conclusão de uma contratação. Isso tem especial sentido quando se fala em políticas de privacidade ou termos de uso que tiveram sua necessidade recentemente reforçada pela Lei Geral de Proteção de Dados brasileira.

Por essa e outras razões, as pessoas vêm estudando como os usuários lidam com as telas de celular e como leem páginas na *Internet*. Pense, por exemplo, em como uma pessoa segura um *smartphone* – a maneira como ela segura o dispositivo determina como ela vai clicar. Por isso, os botões para interação com a pessoa devem estar dentro da área de alcance dos dedos, para facilitar a interação esperada do usuário. Veja, abaixo, as posições listadas por Steven Hoober (2017):

Fonte: Steven Hoober, 2017

A consultoria Nielsen Norman Group revelou, em 2006, por exemplo, que os usuários da *Internet* costumam ler o conteúdo na forma de um F. A análise foi feita por meio de uma tecnologia de rastreamento ocular com 45 pessoas, para entender como elas leem conteúdo *online*.

Apesar do padrão de leitura em F ainda permanecer como uma verdade, a consultoria também alerta que existem outros padrões de leitura que podem ser aplicados e que não necessariamente seguem o padrão F. Segundo a consultoria:

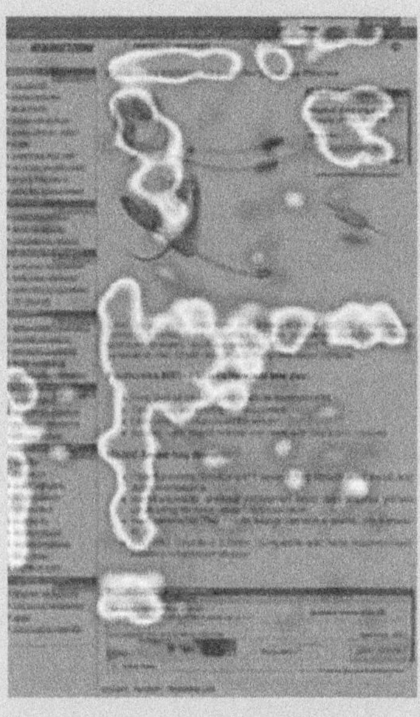

Os usuários leem, primeiro, em um movimento horizontal, geralmente na parte superior da área de conteúdo. Esse elemento inicial forma a barra superior do F.

Em seguida, os usuários movem a página um pouco para baixo e, em seguida, leem em um segundo movimento horizontal, que, normalmente, cobre uma área menor do que o movimento anterior. Esse elemento adicional forma a barra inferior do F.

Finalmente, os usuários examinam o lado esquerdo do conteúdo em um movimento vertical. Às vezes, essa é uma varredura lenta e sistemática, que aparece como uma faixa sólida em um mapa de calor de rastreamento ocular. Outras vezes, os usuários se movem mais rápido, criando um mapa de calor mais pontiagudo. Esse último elemento forma a raiz do F.

As implicações desse padrão são:

As primeiras linhas de texto em uma página recebem mais olhares do que as linhas de texto subsequentes na mesma página.

As primeiras palavras à esquerda de cada linha do texto recebem mais fixações do que as palavras subsequentes na mesma linha (PERNICE, 2017).

Fonte: PERNICE, 2017

Sabendo desse tipo de comportamento, ao criar um documento jurídico para que esteja exposto em uma página na *Internet* ou disponibilizado para leitura em um computador, um *legal designer* deve analisar onde é mais interessante colocar determinadas informações – pois já sabe, de antemão, do padrão de leitura que as pessoas vão ter sobre o documento.

10.4. Viés da opção mediana e efeito isca

O viés da opção mediana é um *nudge* que depende da existência de três opções de escolha para o usuário e pode ser utilizado, principalmente, em contratos que apresentam mais de uma opção de produto com preços diferentes. Veja, no exemplo abaixo, como uma companhia telefônica brasileira apresenta as opções de compra para o seu cliente:

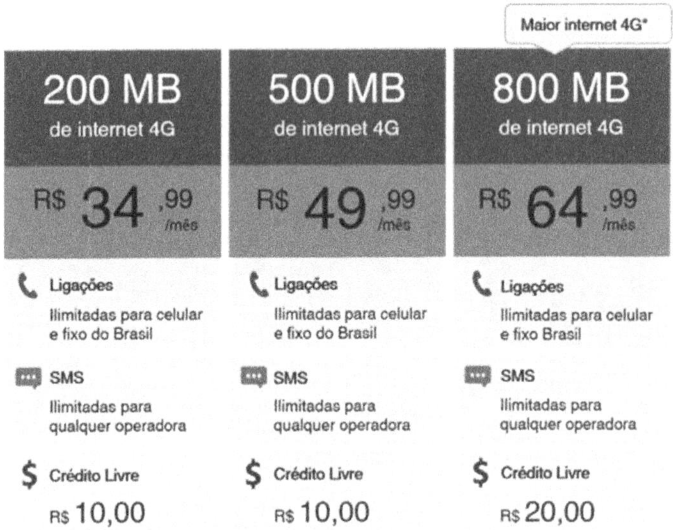

Fonte: elaboração própria a partir de um exemplo real utilizado por uma companhia telefônica

Note que na precificação acima existe uma diferença de R$ 15,00 (quinze reais) entre cada um dos preços e 300 MB entre cada uma das opções. No entanto, o último parece ser muito mais caro em relação aos outros, pelo fato de o primeiro número ter um salto de mais de uma unidade (de 3 para 4 é uma unidade; de 4 para 6, estamos falando de duas unidades). O primeiro plano é o mais básico e provavelmente não supre as necessidades. O último plano parece ser muito mais caro e pode entregar uma quantidade de dados que o cliente não consome.

Uma outra companhia telefônica brasileira também usou o mesmo modelo:

Fonte: elaboração própria a partir de um exemplo real utilizado por uma companhia telefônica

Curiosamente, a diferença entre os dois preços iniciais também é de R$ 15,00 (quinze reais), mas, ao chegar à terceira opção, a diferença passa a ser de R$ 35,00 (trinta e cinco reais). Em relação aos GBs, existe a diferença de uma unidade entre cada opção. O primeiro plano, claramente, é o mais simples e provavelmente não atenda às necessidades. O último é extremamente mais caro do que os outros.

Dessa forma, ao apresentar três opções, sendo a primeira uma que poucos vão solicitar e a última muito cara, as pessoas tendem a escolher a opção mediana.

Esse tipo de *nudge* é muito efetivo em propostas e contratos comerciais, podendo auxiliar na alavancagem de vendas. Quando combinado com o efeito isca, pode ter um resultado ainda mais interessante.

Uma pesquisa realizada em um experimento baseado em financiamento coletivo (*crowdfunding*) apresentou a possibilidade de introdução de uma isca para induzir os usuários a tomar a decisão de compra mais cara (SCHNEIDER, WEINMANN e BROCKE, 2018, p. 68). O *crowdfunding* se caracteriza pela contribuição em dinheiro que as pessoas podem fazer para um projeto, ao acessar uma plataforma *online*. Em resposta à contribuição, o dono do projeto oferece algumas contrapartidas.

No experimento realizado, o projeto a ser financiado era um livro e, por conta disso, esse item também foi utilizado como recompensa pela contribuição realizada pelos apoiadores do projeto. Inicialmente, quando os apoiadores foram apresentados à opção de receber um *e-book* em troca da contribuição de US$ 10,00 (dez dólares), ou um *e-book* e um livro de capa dura pela contribuição de US$ 20,00 (vinte dólares), a maioria dos apoiadores optou por doar US$ 10,00 (dez dólares). No entanto, quando uma terceira opção foi introduzida, a isca, a situação se inverteu. Foi introduzida uma nova opção oferecendo apenas o livro de capa dura em troca de uma contribuição de US$ 10,00 (dez dólares) e, nesse novo cenário, a maioria dos apoiadores optou por doar US$ 20,00 (vinte dólares) para receber o *e-book* e o livro de capa dura. Isso leva a crer que a introdução de uma isca levou os apoiadores a dobrar o financiamento. Note, no entanto, que se trata exatamente dos mesmos produtos que haviam sido oferecidos inicialmente. Além disso, no início, apenas 31% tinham interesse no livro de capa dura. Apesar disso, quando foi introduzida uma nova opção, combinando as duas opções anteriores, a 68% passou a desejar o livro de capa dura acompanhado do *e-book*.

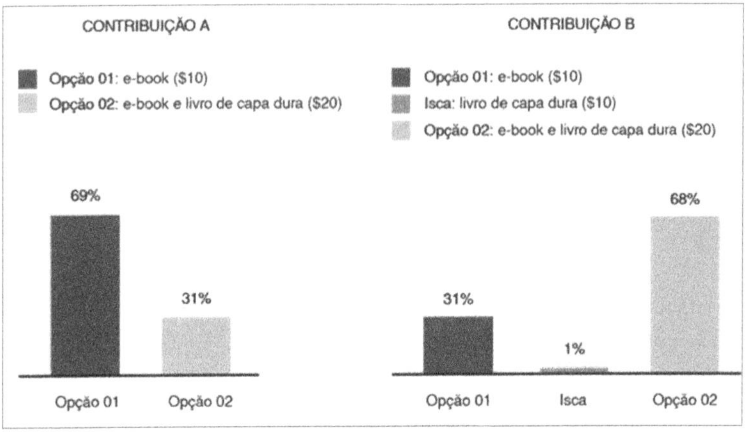

Fonte: SCHNEIDER, WEINMANN e BROCKE, 2018

Por conta da dependência de três opções de escolha, o efeito isca e o viés da opção mediana podem ser utilizados em conjunto. A ideia seria utilizar uma opção que claramente ninguém deseja por ser vista como desvantajosa e duas opções adicionais, sendo uma mais barata e outra mais cara. A opção que as pessoas devem escolher deve ser colocada no meio. Ao comparar as opções, o cliente provavelmente deve escolher a opção média, de acordo com o que essas pesquisas indicam.

11. PESQUISA DE COMPORTAMENTO DO USUÁRIO DE DOCUMENTOS JURÍDICOS

A partir das evidências do item 10.4, os autores deste livro resolveram criar uma pesquisa empírica para verificar como se comportam os usuários de documentos jurídicos no Brasil, buscando validar e analisar o comportamento específico dos usuários em relação aos documentos desenvolvidos com técnicas de *legal design*.

Afinal, como *legal designers*, é preciso verificar se os modelos criados atendem às necessidades dos usuários, entender como eles se comportam e criar modelos adequados à experiência desses usuários.

A pesquisa foi feita com 463 pessoas, cuja quase totalidade do grupo possuía idade entre 21 a 51 anos, nível superior completo e alguma formação posterior (pós-graduação, mestrado ou doutorado). As pessoas estavam espalhadas em 20 estados brasileiros, representando todas as macrorregiões brasileiras.

A pesquisa foi distribuída por meio de redes sociais para que pessoas pudessem se voluntariar a responder e assim participar. Foi informado aos participantes que eles participariam de uma pesquisa para análise de comportamento de documentos jurídicos. Parte dos voluntários da pesquisa não respondeu quando a pesquisa foi enviada e, por isso, não foram contabilizados na pesquisa.

Foi analisada a preferência das pessoas em relação a: cores, posições, formatação e comparação de documentos criados com técnicas de *legal design* e documentos tradicionais. Ao fim, foram identificados também os padrões de leitura de documentos jurídicos, por meio de uma tecnologia de mapa de calor que verifica como a pessoa interage com o documento. O grupo não sabia que o documento final que eles estavam lendo possuía um algoritmo capaz de identificar o padrão de leitura deles.

Os voluntários da pesquisa foram separados em um grupo de controle formado por advogados e leigos em Direito, um grupo formado apenas por advogados e um último grupo formado apenas por leigos.

O principal resultado apresentado pela pesquisa, e que traz uma questão relevante para o livro, é que, dentro do universo pesquisado, 92% dos leigos e 85% dos advogados entrevistados preferem ler e receber um documento que utilize as técnicas de *legal design* – o que é irônico quando pensamos na maior parte dos documentos jurídicos que são recebidos ou elaborados na sociedade.

Para verificar a inclinação das pessoas em relação a algumas cores, foi solicitado que os usuários efetuassem o clique em botões de "Concordo" e "Não Concordo" ao longo da pesquisa. 88% das pessoas clicaram em botões de concordância nas cores verde e azul. Quando solicitados a clicar em um botão de negativa de concordância, mais de 80% dos pesquisados clicaram no botão de cor vermelha.

Fonte: elaboração própria

Para analisar potenciais desvios na análise do comportamento dos usuários, a pesquisa criou um grupo de controle para verificar como as pessoas respondiam quando os botões não tinham diferenciações (mesmas cores, ordenados em fileira) – dessa forma, foi possível confirmar que as cores podem orientar a concordância ou não concordância dos usuários. Quando os botões foram comparados com os botões coloridos, os índices de cliques em cada um dos botões variaram.

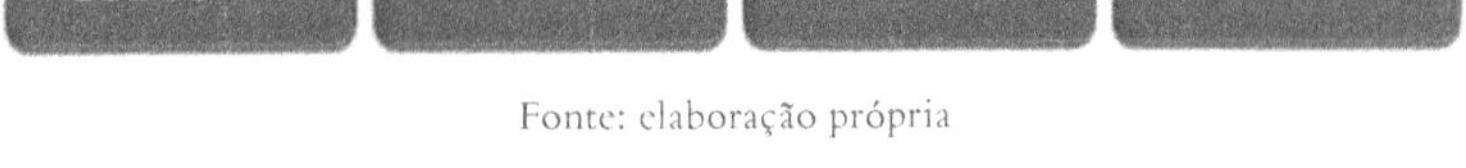

Fonte: elaboração própria

Nos dois grupos de pesquisa, um de advogados e outro de leigos, a resposta foi a mesma quanto à fluidez de texto em uma cláusula. Foi apresentada uma cláusula que ocupava toda a extensão do documento e outra com um sentido similar, mas com um texto mais objetivo, que ocupava apenas metade da extensão da página e seguia para a próxima linha. Nesse caso, mais de 70% dos dois grupos analisados indicaram que a cláusula contratual com menor extensão no sentido do comprimento da página era mais fluida[1] na leitura.

1. A CONTRATADA se obriga a manter absoluta confidencialidade sobre o conteúdo de qualquer documento, relatório, informação ou dados que venha a ser de seu conhecimento e/ou que forem fornecidas pela CONTRATANTE em razão de ou relacionadas ao presente Contrato, os quais serão usados pela CONTRATADA apenas em colaboração com a CONTRATANTE e exclusivamente para os fins deste Contrato, tomando todas as medidas necessárias para impedir que os mesmos sejam utilizados, sem autorização.

2. A CONTRATADA se obriga a manter em sigilo e confidencialidade absolutos todas as informações relativas à prestação dos serviços a serem realizados, tais como dados técnicos, operações, métodos, desenhos, relatórios, tomadas de preços, relatórios técnicos, procedimentos operacionais, a tecnologia empregada, detalhes técnicos baseados em documentos e/ou instruções que lhe forem fornecidas pela CONTRATANTE.

Fonte: elaboração própria

Em seguida, iniciamos a análise da reação dos entrevistados à leitura dos contratos apresentados. A ferramenta de mapeamento de calor analisa o movimento do cursor do *mouse*, cliques, *zooms* na tela e a rolagem ao longo do documento (*scroll-down*). A mancha maior, representa o padrão de leitura do documento, enquanto os pontos menores representam o volume de interação de cliques ou movimen-

1 Importante ressaltar que o termo "fluido" pode ter um significado diferente para cada pessoa e, por isso, há uma carga subjetiva na interpretação do termo.

tação do cursor. Em um documento jurídico normal, apresentado ao grupo de controle, a leitura do documento apresenta o padrão abaixo.

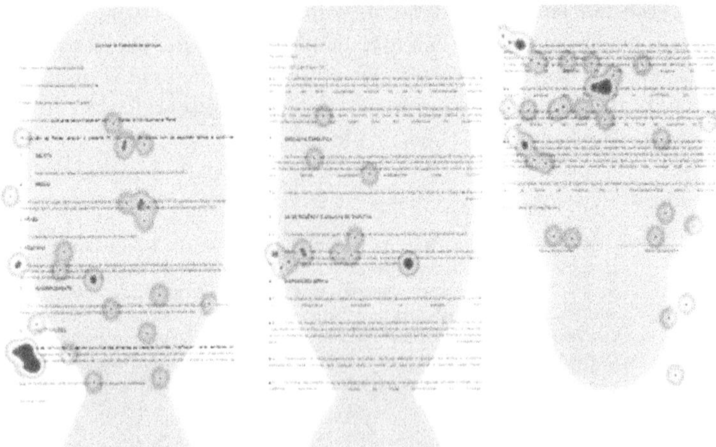

Fonte: elaboração própria

Note que o padrão de leitura do documento é bastante uniforme, ocupando quase toda a extensão horizontal do documento. Apenas ao fim da página a atenção afunila, aparentemente pelo fato de a página terminar e, em seguida, volta a aumentar, já que o usuário aparentemente se prepara para ler a próxima página – um formato de ampulheta no padrão de leitura.

Na última página, no entanto, o padrão é apresentado quase no formato de uma gota, já que o usuário encerra a leitura. Existe também uma concentração de interações no centro do documento já que não há nada que chame muita atenção do usuário. Além do centro do documento, há uma interação relevante no lado esquerdo, justamente porque as pessoas costumam iniciar a leitura por esse lado.

Após essa primeira análise, solicitamos aos outros dois grupos (de advogados e leigos) que analisassem um documento criado com o uso de técnicas de *legal design*. Note que o padrão de leitura muda. O formato de ampulheta permanece, assim como a leitura no formato de gota, na última página. No entanto, o grau de interação com o documento aumenta drasticamente por conta das seções em que o documento foi dividido, os ícones utilizados, dentre outros recursos.

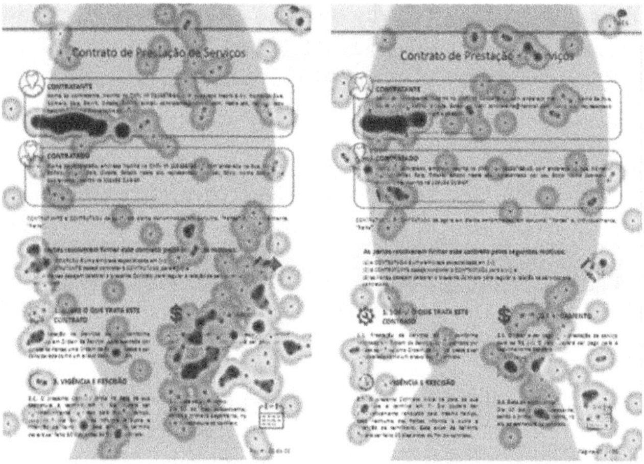

Advogados(as) Leigos(as)

Fonte: elaboração própria

Na primeira página, é possível verificar uma interação grande no canto superior esquerdo por conta da inserção de um ícone de uma caneta no campo de assinatura do documento. No canto inferior direito da página também há bastante interação na cláusula referente ao preço e pagamento. Perceba também que o padrão de leitura dos advogados é diferente daquele apresentado pelos leigos.

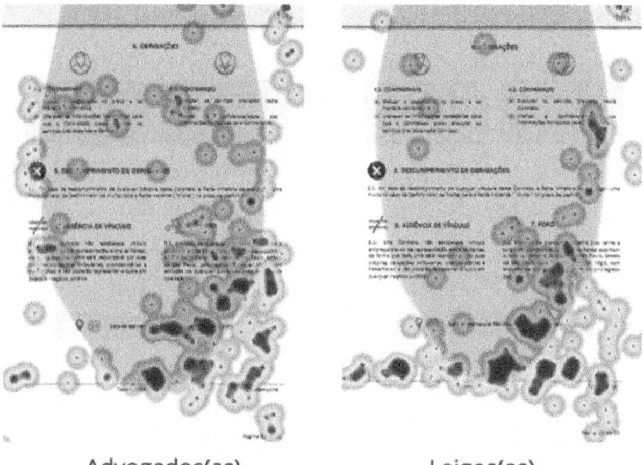

Advogados(as) Leigos(as)

Fonte: elaboração própria

A segunda página do documento demonstra outro padrão de comportamento. Tem um padrão de leitura em "gota", porém é um pouco diferente do padrão identificado no grupo de controle, pois há conteúdo até o fim da página.

É possível perceber que há um interesse significativo no canto inferior direito do documento, onde se encerra a leitura, se considerarmos que as pessoas leem da direita para esquerda e de cima para baixo.

A partir da análise desses mapas de calor, os autores deste livro interpretam esses mapas da seguinte maneira e fazem as seguintes inferências:

- Se os modelos criados a partir das técnicas de *legal design* possuem maior interação do usuário, provavelmente, eles atraem mais atenção do que modelos de documentos no formato tradicional. Portanto, há indícios de que os recursos de *legal design* são positivos para estimular a leitura dos documentos;
- O padrão de leitura dos documentos parece ocorrer no formato ampulheta e encerra no formato de gota. Assim, caso o redator de um documento queira garantir a leitura de certas informações, ou evitar a sua leitura, pode ser interessante levar esse padrão de leitura em consideração;
- A maneira em que o texto e os ícones são distribuídos ao longo de um documento influencia o padrão de leitura e a atenção do usuário de um documento jurídico;
- Se imaginarmos uma linha reta cortando o meio do documento, o maior grau de interação das pessoas com o documento jurídico está concentrado nas extremidades e não no meio – afinal, é onde as pessoas iniciam e terminam a leitura. Provavelmente, nessas áreas, há uma atenção maior das pessoas;
- O lado inferior direito parece ter mais atenção e interação dos usuários por ser o fim da leitura de uma página, considerando que a maioria das pessoas lê da direita para esquerda e de cima para baixo;
- Quando comparados os padrões de leitura de advogados e leigos, aparentemente os advogados prestam maior atenção no início das frases do que os leigos. Veja o início de cada seção de texto, nos modelos acima.

Portanto, os padrões analisados na pesquisa parecem confirmar que documentos criados a partir das técnicas de *legal design* resultam em uma maior atenção do leitor. Além disso, 80% dos voluntários da pesquisa preferem interagir com documentos com aplicações de *legal design* do que documentos tradicionais, segundo manifestação quando às suas preferências.

Por fim, considerando a importância do *legal design*, o uso de cores, ícones e localização de uma determinada informação no documento são elementos estratégicos na construção de um documento jurídico. Esses elementos devem estar alinhados à própria construção do texto, uso de linguagem mais acessível, escolha de títulos, subtítulos, tipologia, entre outros elementos.

12. PROCESSO DE APLICAÇÃO DO *LEGAL DESIGN*

Se você deseja utilizar o *legal design*, deve estar atento aos princípios de *design* e aos fundamentos de experiência do usuário. O *legal design* pode ser aplicado em documentos existentes para melhorá-los, ou, ainda, adotado na concepção de um produto ou serviço jurídico. Para isso, leve em consideração sempre alguns pontos essenciais de experiência do usuário:

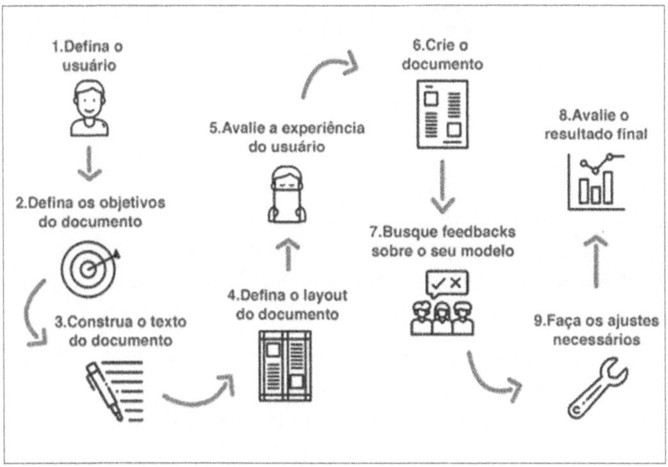

Fonte: elaboração própria

- Defina quem será o usuário do documento;
- Identifique a situação atual, para poder definir os objetivos com o processo e medir as mudanças alcançadas com o processo. No início, pode ser utilizado o *design thinking* para o processo;

- Reduza o texto para que ele seja objetivo;
- Evite o uso de palavras de difícil entendimento;
- Remova a poluição textual ou visual;
- Defina o layout e crie o protótipo;
- Pense na experiência do usuário de acordo com os recursos que você vai utilizar;
- Procure utilizar recursos gráficos para ressaltar o sentido do texto ou substituí-lo. Nenhum recurso deve ser utilizado apenas por ser esteticamente atraente. O recurso gráfico deve servir a um propósito;
- Utilize iconografia, cores, fontes e tamanhos de fontes, pense na hierarquia das informações e separe-as conforme necessário;
- Verifique a reação de alguns usuários em relação ao documento para obter feedback sobre o *design*;
- Faça os ajustes necessários de acordo com os *feedbacks*;
- Entregue o documento.

12.1. Identificar o usuário do documento

O primeiro passo é identificar o usuário do documento. Ele pode ser um cliente, um magistrado, o departamento jurídico de uma empresa, o financeiro. Algumas vezes, pode haver mais de um tipo de usuário e é primordial conhecê-lo, se colocar no lugar dessa pessoa e entender as necessidades de cada um que terá contato com o documento que você está elaborando. No caso de serem muitos usuários, você deverá analisar como é o comportamento de cada um em relação ao documento e, então, é importante encontrar um meio termo, ou criar soluções para cada um deles. Quanto mais informações sobre eles, mais consistência terá o seu projeto de *design*, para melhorar a comunicação com todos.

É importante mapear o fluxo que esse documento vai concretizar durante o seu uso para identificar quem são os usuários envolvidos no processo e como o *design* pode contribuir com a melhoria do documento.

12.1.1. Cliente *vs.* usuário

Nem sempre o seu cliente será o usuário do documento. A empresa que te contrata para aplicar o *legal design* no contrato é o seu cliente, mas o usuário que vai receber, manusear e ler o contrato será o cliente dela. Então é necessário um *briefing* com o seu cliente para saber todas as informações necessárias sobre ele, sua identidade visual, o que deseja, o que é mais importante no modelo que será criado, quais os problemas e dificuldades do documento e, principalmente quem é o seu usuário-alvo. Tente colher o máximo de informações sobre o usuário, pois é entendendo as necessidades dele que você conseguirá encontrar melhores soluções.

Nesse processo, também passa a ser importante um ponto que pode ser importado da metodologia de *design thinking*: a empatia. Pense na experiência dele: quem vai receber o documento dentro da organização e do cliente? O que é importante para ele? Como ele vai manusear o documento?

Muitas vezes, o documento pode ser ideal para você, mas não para o usuário. Por isso, é importante se colocar no lugar dele e, até mesmo, se for necessário, se passar por um cliente oculto.

12.2. Estruturação do texto

Ao efetuar a limpeza do texto, você deve analisar a repetição de textos de lei. Muitas cláusulas em contratos, peças processuais e outros documentos fazem cópia de trechos dos textos de lei e isso é desnecessário. A simples remissão ao artigo da lei é o suficiente, na maior parte dos casos.

Simplifique a linguagem ao eliminar o "juridiquês". Caso alguns termos jurídicos não possam ser eliminados, dependendo de quem for o usuário, vale acrescentar uma breve explicação, ou apenas uma palavra sinônima entre parênteses. Veja o exemplo abaixo de simplificação do texto de uma cláusula em um contrato:

> **Antes:** *Qualquer alteração ao presente Contrato, de qualquer natureza, somente terá validade se efetuada formalmente, por meio de termo aditivo assinado por todas as partes e na presença de testemunhas, sob pena de nulidade.*
> **Depois:** *Qualquer alteração deste Contrato somente será válida se for feita por meio de um documento assinado por todas as Partes e na presença de 02 (duas) testemunhas. Caso contrário, essa alteração será considerada nula e sem efeito.*

Principalmente em contratos – mas também no que puder ser aplicado em peças processuais e memorandos –, verifique a concatenação das cláusulas: elas fazem boas remissões ou fazem com que você fique subindo e descendo no documento? Você deve tornar a leitura algo natural e intuitivo. Os termos definidos no contrato ficam no começo, no fim ou dentro da própria cláusula. Agrupe mesmos assuntos dentro de um mesmo tópico.

A hierarquia de informações também é um ponto importante, pois destaca os dados e influencia na ordem que o olho humano observa o conteúdo. Agrupe assuntos dentro dos títulos e subtítulos relevantes. Para isso, alguns recursos podem auxiliar, como: tamanhos diferentes de letra/fonte, listagens e *grids*.

12.3. Definição do *layout*

Após a limpeza do texto, o *legal designer* deve pensar na estrutura que deseja criar para o documento. Trata-se de uma etapa de definição de onde cada informação deve estar, como a informação será apresentada e quais recursos gráficos serão utilizados.

A ordem em que o conteúdo é apresentado é relevante para o documento, considerando que o usuário tem um comportamento específico.

12.4. Aplicação dos recursos gráficos

Após sua definição, você preencherá o *layout* com as informações jurídicas necessárias. Em seguida, deverá analisar quais ícones podem auxiliar o entendimento de certos textos.

Além disso, os textos podem ser separados por linhas para dividir um determinado assunto e demonstrar visualmente a segregação daquele tema.

12.5. Experiência do usuário

Pense em como o texto, o *layout* e os recursos gráficos que você utilizará impactarão a experiência do usuário desse documento.

12.6. *Feedback*

O *feedback* dos usuários e do seu cliente sobre o documento criado é extremamente importante para que você possa saber se as suas técnicas estão tendo resultados positivos. Dessa maneira, você poderá assimilar a utilidade do *design* criado.

Uma maneira de obter resultados concretos sobre a utilidade do *design* que você criou é iniciar todo o processo de *legal design* tentando mapear qual a situação inicial, para poder medir os resultados ao comparar a situação final com a inicial. Em casos de contratos comerciais, por exemplo, é interessante mapear o tempo do ciclo de venda do cliente e depois verificar se o contrato foi capaz de reduzir o prazo, ou se resultou em maior conversão de clientes. Pensando nos objetivos que o seu cliente tem, você também poderá utilizar recursos de *legal design* de forma estratégica, buscando alcançar os objetivos traçados com o cliente inicialmente.

13. O FUTURO DOS DOCUMENTOS JURÍDICOS

Tradicionalmente, os documentos têm sido criados da mesma maneira há centenas de anos. O que mudou foram apenas as ferramentas por meio dos quais eles são feitos. No entanto, a sua estrutura permanece a mesma. Os maiores exemplos disso são os modelos de contratos que circulam no mercado até hoje com a palavra fac-símile, algo que dificilmente se usa atualmente.

Se, agora, estamos na era da experiência do usuário, bastante motivada pela introdução massiva da tecnologia na sociedade, chegou o momento de fazer documentos jurídicos de uma forma diferente.

As evidências empíricas criadas pelas pesquisas mencionadas ao longo deste livro mostram o quanto o *design* pode influenciar e contribuir para a construção de documentos jurídicos mais adequados à realidade de hoje.

Não somente as técnicas de produção de documentos jurídicos evoluíram e exigem uma atualização para incorporar elementos de *design*, experiência do usuário e psicologia (por exemplo, no caso dos *nudges*), mas, agora, também podem se aproveitar de recursos tecnológicos.

Hoje, os recursos tecnológicos ainda são acessórios e facilitadores dos documentos jurídicos, mas em breve também poderão ser parte central deles – como no caso de contratos inteligentes (*smart contracts*). *Smart contracts* são contratos que operam por meio de algoritmos (SZABO, 1996) e conseguem se resolver sem a necessidade de interferência de um terceiro (autoexecutáveis). Isso é possível, principalmente, porque, nesse modelo, há uma estrutura de conta vinculada como garantia da operação pretendida (*escrow*) por um contrato dessa natureza.

Embora ainda não sejam uma realidade nem usuais, os *smart contracts* são a próxima evolução, em termos de documentos jurídicos que envolvem os elementos descritos ao longo deste livro. No entanto, em vez de usar a tecnologia apenas como um recurso, dependerão da tecnologia para existirem.

Da mesma forma, os *smart contracts* deverão seguir as premissas descritas neste livro para o *legal design*. Na elaboração dos contratos inteligentes, será necessário prestar ainda mais atenção aos elementos da experiência do usuário e do *design* para criar a estrutura necessária e as árvores de decisão dos algoritmos, que orientarão os resultados criados pelo contrato.

Nesse novo momento, os contratos podem necessitar de modelos de construção, que podem ser objeto do *legal design* também. A criação de árvores de decisão, por exemplo, pode facilitar a construção dos contratos inteligentes, já que essa é a base em cima da qual os algoritmos desse tipo de contrato são construídos:

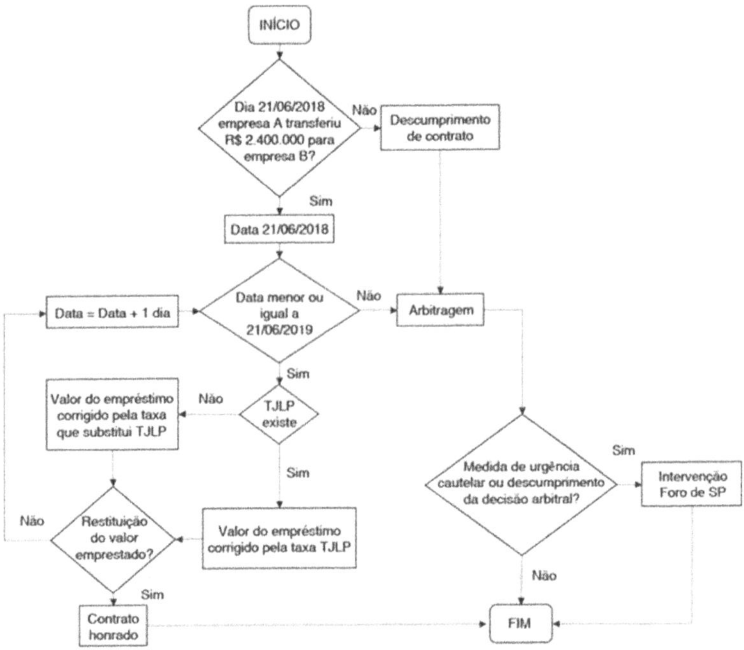

Fonte: SILVA, PAZETTI e NYBØ (2019, p. 96)

REFERÊNCIAS

BEHAVIOURAL INSIGHTS TEAM. Fraud, error and debt: behavioural insights team paper, 2012. Disponível em: <www.gov.uk/government/publications/fraud-error-and-debt-behavioural-insights-team-paper>. Acesso em: 30-10-2020.

BUSARELLO, Raul Inácio. Gamification: princípios e estratégias. Disponível em: <www.edisciplinas.usp.br/pluginfile.php/4455428/mod_resource/content/1/Gamification.pdf>. Acesso em: 14-10-2020.

CALVO-GONZÁLEZ, Oscar; CRUZ, Abel; HERNANDEZ, Marco. The ongoing impact of "nudging" people to pay their taxes. Disponível em: <https://blogs.worldbank.org/voices/ongoing-impact-nudging-people-pay-their-taxes>. Acesso em: 14-10-2020.

FOERDE, Karin; SHOHAMY, Daphna. The role of the basal ganglia in learning and memory: Insight from Parkinson's disease, 2011. Disponível em: <www.ncbi.nlm.nih.gov/pmc/articles/PMC3772079/#R50>. Acesso em: 30-10-2020.

GOETHE, Johann Wolfgang von. Theory of colours. London: John Murray, 1840. Disponível em: <www.archive.org/details/goethestheoryco01goetgoog>. Acesso em 18-10-2020.

GORDON, Kelley. 5 principles of visual design in UX. Disponível em: <www.nngroup.com/articles/principles-visual-design/>. Acesso em: 18-10-2020.

HARLEY, Aurora. The principle of common region: containers create groupings. Disponível em: <https://www.nngroup.com/articles/common-region/>. Acesso em: 18-10-2020.

HOOBER, Steven. Design for fingers, touch, and people, part 2. Disponível em: <www.uxmatters.com/mt/archives/2017/05/design-for-fingers-touch-and-people-part-2.php>. Acesso em: 30-10-2020.

HORN, Robert E. Information design: emergence of a new profession. In: JACOBSON, Robert. (ed.). *Information design*. Cambridge: The MIT Press, 1999.

HU, Chuming; XU, Feifei. A review of white space research, *Open Journal of Social Sciences*, 7, p. 328-334. Disponível em: <www.scirp.org/journal/paperinformation.aspx?paperid=91299>. Acesso em: 19-10-2020.

IYENGAR, Sheena Sethi; LEPPER, Mark. When choice is demotivating: can one desire too much of a good thing?, *Jornal of Personality and Social Psychology*, dez. 2000. Disponível em: <www.researchgate.net/publication/12189991_When_Choice_is_Demotivating_Can_One_Desire_Too_Much_of_a_Good_Thing>. Acesso em: 30-10-2020.

JI, Xiaoyu. Where design and law meet. Aalto University School of Arts, Design and Architecture, 2019. Disponível em: <www.aaltodoc.aalto.fi/bitstream/handle/123456789/42645/master_Ji_Xiaoyu_2019.pdf?sequence=1&isAllowed=y>. Acesso em: 14-10-2020.

JOHNSON, Eric J.; GOLDSTEIN, Daniel. Do defaults save lives?, *Science Magazine*, v. 302, Issue 5649, p. 1.338-1.339. Disponível em: <www.science.sciencemag.org/content/302/5649/1338>. Acesso em: 30-10-2020.

KETTLE, Stewart et al. Behavioral interventions in tax compliance: evidence from Guatemala. Policy Research working paper. Impact Evaluation series. Washington: World Bank Group, 2016. Disponível em: <www.documents.worldbank.org/curated/en/479561467989537366/Behavioral-interventions-in-tax-compliance-evidence-from-Guatemala>. Acesso em: 30-10-2020.

LARSON, Kevin; PICARD, Rosalind. The aesthetics of reading, 2005. Disponível em: <www.media.mit.edu/publications/the-aesthetics-of-reading-2/>. Acesso em: 14-10-2020.

LIDWELL, William; HOLDEN, Kritina; BUTLER, Jill. *Universal principles of design*. Massachussets: Rockport, 2003.

MEHTA, Ravi; ZHU, Rui (Juliet). Blue or red? Exploring the effect of color on cognitive task performances. *Science Magazine*, v. 323, 27 de fev. 2009.

MORAN, Kate. How chunking helps content processing. Disponível em: <www.nngroup.com/articles/chunking/>. Acesso em: 18-10-2020.

NORMAN, Don. *The design of everyday things*. New York: Basic Books, 2013.

OSBORN, Alex F. *Applied imagination*: principles and procedures of creative thinking. New York: Charles Scribner's Sons, 1953.

PERNICE, Kara. F-shaped pattern of reading on the web: misunderstood, but still relevant (even on mobile). Disponível em: <www.nngroup.com/articles/f-shaped-pattern-reading-web-content/>. Acesso em: 30-10-2020.

REDISH, J. C. "Document and information design." In: Encyclopedia of electrical and electronics engineering, v. 6, p. 10-24, New York: John Wiley & Sons, 1999.

SCHNEIDER, Christoph; WEINMANN, Markus; BROCKE, Jan Vom. Digital nudging: guiding online user choices through interface design, *Communications of the ACM*, v. 61, n. 7, 2018. Disponível em: <https://cpb-us-w2.wpmucdn.com/sites.gsu.edu/dist/4/1635/files/2018/08/Reading25-Interface-2j6k33g.pdf>. Acesso em: 30-10/-020.

SHU, Lisa L. et al. Signing at the beginning makes ethics salient and decreases dishonest self-reports in comparison to signing at the end. Disponível em: <www.pnas.org/content/109/38/15197>. Acesso em: 14-10-2020.

SILVA, Amanda Gabrielle Lima da; PAZETTI, Bruno; NYBØ, Erik Fontenele. Contratos gráficos: utilizando algoritmos para o desenvolvimento de contratos, *Revista de Direito das Startups*. São Paulo: Enlaw, 2019.

SUNSTEIN, Cass R. Nudging: a very short guide. Disponível em: <www.papers.ssrn.com/sol3/papers.cfm?abstract_id=2499658>. Acesso em: 29-10-2020.

SZABO, Nick. Smart contracts: building blocks for digital markets, 1996. Disponível em: <www.fon.hum.uva.nl/rob/Courses/InformationInSpeech/CDROM/Literature/LOTwinterschool2006/szabo.best.vwh.net/smart_contracts_2.html>. Acesso em: 30-10-2020.

WHITE, Alexander. *The elements of graphic design*. New York: Allworth, 2011.

ZHU, Hong. *Software design methodology*: from principles to architectural styles. Oxford: Butterworth-Heinemann, 2005.